Cinema For
Russian Conversation

Volume 1

Cinema For Russian Conversation

Volume 1

Olga Kagan

Mara Kashper

Yuliya Morozova

focus An Imprint of
Hackett Publishing Company
Indianapolis/Cambridge

Cinema for Russian Conversation, Volume I

© 2005 by Olga Kagan, Mara Kashper, and Yuliya Morozova

Previously published by Focus Publishing/R. Pullins Company

Focus An Imprint of
Hackett Publishing Company
www.hackettpublishing.com

P.O. Box 44937
Indianapolis, Indiana 46244-0937

ISBN: 978-1-58510-118-4

Printed in the United States of America

17 16 15 14   7 8 9 10 11 12 13

Содержание

Предисловие vii

1 ЦИРК 1
 (Circus)

2. ЗОЛУШКА 21
 (Cinderella)

3. ЛЕТЯТ ЖУРАВЛИ 45
 (The Cranes Are Flying)

4. ИВАН ВАСИЛЬЕВИЧ МЕНЯЕТ ПРОФЕССИЮ 63
 (Ivan Vasiljevich Changes Profession)

5. ИРОНИЯ СУДЬБЫ, ИЛИ С ЛЁГКИМ ПАРОМ! 81
 (Irony of Fate)

6. МОСКВА СЛЕЗАМ НЕ ВЕРИТ 107
 (Moscow Does Not Believe in Tears)

7. ОСЕННИЙ МАРАФОН 129
 (Autumn Marathon)

When We Talk About Films ("Kinoslovar") 153
Russian-English Vocabulary 155
Expanded List of "Opinion" Words and Connectives 183
Answers to Crosswords and Puzzles 187

Introduction

Who is this book for?

Using Russian film as a basis for conversation provides the learner with a wealth of culture-based authentic materials that can be used on several levels of language proficiency. This is the first volume of a two-volume textbook that includes seven movies created in the span of 1936-1979. The volumes can be used independently. Each of the book's seven chapters focuses on one movie and includes assignments for students ranging from Intermediate to Advanced Plus proficiency according to the ACTFL guidelines. The films can be viewed with or without subtitles, allowing students on various levels access to the material. This book is also highly recommended for heritage speakers of Russian.

The book has a modular structure that allows instructors to select the films according to the students' interests and goals of the class. It can be used on its own as a textbook or to provide supplemental materials for classes at various levels.

While the book's main purpose is the development of students' conversational skills, each chapter also includes texts for reading comprehension and exercises that focus on the acquisition of written skills and grammatical accuracy.

Criteria for Selecting Films

We selected the films for the book based on several criteria. We chose films that are representative of a variety of periods, themes, and genres, and that cover over seventy years of Russian film making, from the 1930s into the 21st century. While most of the films were made in the Soviet period, several were made after the fall of the Soviet Union and reflect new realities of Russian life. All movies are well known in Russia and many have become classics.

Accessibility was another criterion for selection. All the films are of general human interest and universal appeal. Each has a well-developed plot, and most are available on DVD.

Meeting these criteria resulted in the selection of films that we believe will stimulate class discussion.

Chapter Structure and Suggestions for Use

We recommend that students begin each chapter by watching the film outside of class, individually or in small groups. We expect that this general viewing will be followed up by watching particular scenes in class and as homework.

Each film is accompanied by twenty or more assignments and tasks to provide flexibility for students and instructors. The assignments can be used for homework or classroom activities. They are arranged in increasing order of difficulty and sophistication corresponding to levels specified in the ACTFL Proficiency Guidelines. Intermediate level assignments ask students to read a paragraph, view a clip, answer factual questions, and provide a short description. Exercises calling for higher proficiency involve detailed description, narration, expressing supported opinion, and hypothesizing.

We believe that the format and sequence of exercises can be used as a model that allows instructors to adapt other films for classroom use.

Distribution of Exercises by Level

Intermediate-Low level: exercises 1 through 4, and parts of 8. Exercises 1–4 are intended as previewing assignments to provide students with background information on the film. These exercises call for some Internet research, which can be tailored to students' proficiency and interests. We recommend students at all levels of proficiency to complete at least some of the previewing assignments.

Intermediate level: exercises 5 through 14. These assignments require students to answer questions, ask questions using various interrogative words, narrate with some degree of accuracy in different time frames, and provide a relatively detailed description.

Advanced level and heritage speakers: exercises 15 through 23. These require that students produce paragraph-length narration in each time frame, compose detailed descriptions, support their opinions, and hypothesize.

Vocabulary Development

Exercise 8 is the core exercise for each chapter and designed to focus on vocabulary development. In this exercise, each film is divided into episodes, and each episode has a title, questions, and the vocabulary needed for answering the questions, describing a scene or commenting on it. The material is organized so that the film can be viewed by episode, either in class or assigned as homework. As was mentioned above, we recommend that, in addition to assigning students to view the entire film at the beginning of each chapter, instructors work on several episodes with the whole class and assign other episodes to individual students or groups of students for follow-up presentations.

The English glossary of the vocabulary in exercise 8 is available at the end of the book.

Both research and classroom experience make clear that vocabulary is what both heritage speakers and advanced learners need most. Even heritage learners who are comfortable viewing the films without subtitles need to develop their active vocabulary to be able to function at a more sophisticated level in Russian. The goal for all advanced learners should be to make active use of the new words and expressions from Exercise 8 in scene and character descriptions and content discussions.

Film Format

Most of the films are available in the DVD format, which allows the instructor to create additional exercises to suit the goals of the course, including simultaneous watching and reading subtitles in the target language, translations from Russian to English and English to Russian, creating Russian language subtitles to be compared with the existing ones, etc.

Music

Many Russian films are famous for their music, and students benefit from being introduced to songs that are known to every native speaker of Russian. Whenever possible we provide lyrics and chords to the songs heard in the films.

Appendices

The appendices include a list of vocabulary that would allow students to discuss films (*kinoslovar'*), the Russian to English glossary (the vocabulary found in Exercise 8), a list of expressions that students would need to express opinions and produce more sophisticated expanded discourse, and finally the answers to the crosswords and puzzles in each chapter.

Acknowledgments

We would like to express our sincere gratitude to the Harriman Institute of Columbia University for their generous financial support, without which the publication of this book would not have been possible. We are grateful to Mosfilm for granting us permission to use multiple stills in each chapter.

We thank Susan Bauckus, Nelya Dubrovich, Marilyn Gray, all of UCLA, and Nataliia Ermolaev of Columbia University for proofreading and editing the text, and Julia Verkholantsev of the University of Pennsylvania for help with the stills at the initial stages. We thank Margot Rosen and Colleen McQuillen of Columbia University for writing texts for translation. We are especially grateful to Vladimir Paperny for producing stills of excellent quality that you can see throughout the book.

Finally, we are grateful to our publisher, Ron Pullins, for suggesting the idea for this book.

Глава 1

Цирк

Мосфильм, 1936 г., музыкальная комедия,120 мин.

Награды: «Гран при» на Международной выставке в Париже (1937 г.). Сталинская премия Первой степени (1941 г.).

1.1 Несколько слов о фильме

Американская цирковая актриса Марион Диксон бежит из США со своим маленьким чернокожим сыном. Приехав с оригинальным аттракционом в СССР, Марион влюбляется в режиссёра цирка Ивана Мартынова и решает остаться в СССР навсегда. Снятый в 1936 году фильм должен был доказать, что в СССР все равны и свободны. Песня «Широка страна моя родная...» стала эмблемой времени. «Цирк» был одним из любимых фильмов Сталина. (По материалам из Интернета)

1.2 Над фильмом работали

Режиссёр	Григорий Александров Режиссёр, сценарист, актёр (23. 01. 1903 — 16. 12. 1984). Настоящая фамилия — Мармоненко. Родился в Екатеринбурге. В начале 20-ых годов работал в Екатеринбургском оперном театре, затем актёром в Первом Рабочем театре Пролеткульта в Москве. Один из близких коллег С. Эйзенштейна. До 1932 г.— участник всех его театральных постановок и фильмов. Народный артист СССР (1948 г.), Герой Социалистического Труда (1973 г.). Лауреат Венецианского кинофестиваля в номинации «Сюжет» за 1947 г. Снял четырнадцать фильмов.
Автор сценария	Григорий Александров. Сценарий написан по мотивам комедии И.Ильфа, Е.Петрова, В.Катаева «Под куполом цирка».
Композитор	Исаак Дунаевский
Текст песен	Василий Лебедев-Кумач

1.3 Действующие лица и исполнители

Марион Диксон (Мэри), американская актриса цирка	Любовь Орлова Актриса. (11.02.1902-26.01.1975). Родилась в Звенигороде. Училась в Московской консерватории (1919-1922 гг.), на хореографическом отделении Московского театрального техникума (1922-1925 гг.). В 1926-1933 гг. - актриса Музыкального театра им. В. И. Немировича-Данченко. В кино с 1934 г. До 1947 г. работала только в кино. С 1947 г. — актриса Академического театра имени Моссовета. Лауреат Государственной премии СССР в 1941 г. за участие в фильмах «Волга-Волга» и «Цирк». Народная артистка СССР (1950 г.).
Иван Петрович Мартынов (Ванечка), режиссёр	Сергей Столяров
Людвиг Осипович, директор цирка	Владимир Володин
Франц фон Кнейшиц, антрепренёр	Павел Массальский
Раечка, дочь директора цирка	Евгения Мельникова

Скамейкин, конструктор-любитель	Александр Комиссаров
Сын Марион Диксон	Джим Патерсон
Зритель в цирке	<u>Соломон Михоэлс</u>
Чарли Чаплин, клоун	Николай Отто

1.4 Кто есть кто? Звёзды кинематографии

Найдите информацию о следующих известных деятелях кинематографии на Интернете и сделайте сообщение ^в на классе об одном из них. Вы можете проиллюстрировать свой рассказ клипами из других фильмов, над которыми они работали. (*Совет: Информацию о многих деятелях российского кино вы можете найти на сайте <www.mega.km.ru/cinema>. Вы можете также сделать поиск по интересующей вас фамилии в русскоязычном Google <www.google.com/ru/> или в поисковой системе Yandex <www.yandex.ru>)

Исаак Дунаевский
Сергей Столяров
Соломон Михоэлс
Василий Лебедев-Кумач

1.5 Кто? Где? Когда? 10 вопросов к фильму

1. Когда и где происходит действие фильма?
2. Кто главные герои фильма?
3. С каким номером выступают американская актриса и её немецкий антрепренёр?
4. Почему директор цирка рад, что Мартынов вернулся из армии?
5. Как Марион Диксон и Иван Мартынов встретились в первый раз?
6. Как Марион <u>относится</u> к фон Кнейшицу? Почему?
7. Как письмо Марион к Мартынову попало в руки Скамейкина? Что после этого произошло?
8. Что придумали Райка и Марион?
9. Что случилось, когда фон Кнейшиц узнал, что его обманули?
10. Чем заканчивается фильм?

1.6   Что сначала? Что потом?

Расположите предложения в том порядке, в каком произошли события в фильме. Используйте, где уместно, следующие союзы: *потом; когда; после того как; в то время как; в то же время; через какое-то время; через несколько дней / лет; несколько дней спустя.*

- Разъярённая толпа гонится за женщиной с ребёнком.
- Фон Кнейшиц закармливает Раечку пирожными.
- Фон Кнейшиц вбегает в зрительный зал с сыном Марион на руках.
- Зрители поют сыну Марион колыбельную.
- Директор цирка тянет время, так как не может выпустить «Полёт в стратосферу» на арену.
- Марион пишет письмо Мартынову, которое попадает в руки фон Кнейшица.
- Марион уговаривает директора разрешить ей выступить вместо Райки в номере «Полёт в стратосферу».
- Женщина вскакивает в движущийся поезд и попадает в купе немецкого антрепренёра
- На арену выходит американская артистка Марион Диксон с новым номером «Полёт на луну».
- Под аплодисменты публики Марион Диксон дарит режиссёру Мартынову цветок.
- Режиссёр Мартынов и директор цирка решают создать свою версию номера «Полёт на луну».
- Марион и Райка разрабатывают план побега Марион от фон Кнейшица.
- Действие фильма переносится в московский цирк.
- Скамейкин и Райка приводят план побега в исполнение.

1.7   Кадры из фильма и задания к ним

1.   Соедините реплики с кадрами.

А)   Одним словом, кончается антракт, начинается контракт.

Б)   Пойди и скажи отцу, что мы женимся.

В)   У белой женщины чёрный ребёнок, господа! Это расовое преступление!

Г)   – Нам нужен свой номер, из своих материалов. – Если делать, так делать лучше.

Д)   Мы делаем номер с Мартыновым, и если я буду хоть на полкило тяжелее, Мартынов может разбиться.

Е)   Петрович! Ванечка!

2. Расположите кадры в хронологическом порядке и кратко расскажите, что происходит в каждом кадре.

3. Конкурс вопросов: задайте как можно больше вопросов к каждому кадру.

4. Опишите отношения между Марион и фон Кнейшицем; между Марион и Мартыновым; между Марион и Райкой.

5. Расскажите о второстепенных героях фильма (Райка, Скамейкин, директор цирка, старики-акробаты, человек с собакой). Дополните описания героев вашими собственными предположениями.

1.8   Сцены. Слова. Вопросы.

Слова, которые помогут вам говорить о фильме:

Вопросы:

Бегу́щая толпа́ [0:02:54]:

Пое́зд
Толпа́
Бежа́ть
Убега́ть / убежа́ть + от кого/чего?
Гна́ться + за кем?
Газе́та
Статья́
Ваго́н
Купе́
Вска́кивать / вскочи́ть + куда?
Земно́й шар
Гло́бус

1. Опишите первый кадр фильма.

2. Как называется статья в газете?

3. Где происходит действие?

4. Куда все бегут?

5. Чем недовольна толпа?

6. Где оказывается бегущая женщина?

7. Кого она встречает?

8. Куда кинокамера переносит зрителей?

Но́мер в ци́рке [0:04:23]:

Но́мер = выступле́ние
Аре́на
На аре́не ци́рка
Дресси́рованные живо́тные
Дрессиро́вщик
Медве́дь (*pl.* медве́ди)
Соба́ка
Слон
Выступа́ть / вы́ступить + где? с чем?
Е́здить + на чём?
Игра́ть + во что?
Смея́ться / засмея́ться
Зри́тели
Целова́ться
Кули́сы

9. Каких животных вы видите на арене цирка?

10. Что они делают?

11. Кто выступает с дрессированными животными?

12. Как реагируют зрители?

13. Какая разница между зрителями в цирке и толпой, бегущей за поездом?

14. Что делает молодая парочка за кулисами?

Забо́ты дире́ктора [0:06:31]:

Проси́ть / попроси́ть + кого? о чём?
Угова́ривать / уговори́ть + кого?
Серди́ться / рассерди́ться + на кого?
  за что?
Появля́ться / появи́ться + где?
Стреля́ть / вы́стрелить
Не́рвничать + из-за чего?

15. О чём просит директора человек с собачкой?
16. Почему директор кричит «не пущу»?
17. Кто появляется в дверях?
18. Что этот человек делает? Почему?
19. Кем он оказывается?

Заграни́чный но́мер [0:07:45]:

Объявля́ть / объяви́ть + что?
Гастро́ли
Иностра́нец, иностра́нка
Заграни́чный но́мер
Выступа́ть / вы́ступить
Говори́ть на ло́маном ру́сском
Арти́ст, арти́стка цирка
Лета́ть
Пу́шка
Ку́пол ци́рка (Под ку́полом ци́рка)
Петь
Танцева́ть

20. Кто объявляет следующий номер?
21. Как он говорит?
22. Как называется номер?
23. Как артистка готовится к выходу на арену?
24. Опишите номер, с которым выступает заграничная артистка.

Пла́ны дире́ктора [0:14:02]:

Де́лать / сде́лать предложе́ние + кому?
Проси́ть / попроси́ть руки́ + кого?
Буке́т цвето́в
Констру́ктор-люби́тель
Соглаша́ться / согласи́ться + на что? с кем/чем?
«Заболе́ть» но́мером
Лета́ть
Лётчик
Броса́ть / бро́сить + что? кому?
Целова́ть / поцелова́ть + кого? за что?
Догова́риваться / договори́ться + с кем? о чём?
Же́ртвовать / поже́ртвовать + чем?

25. Что обсуждают директор цирка и Мартынов?
26. Почему Мартынов не сразу соглашается на просьбу директора?
27. Кто приходит с букетом цветов в ложу директора? Зачем?
28. Почему Мартынов бросает букет цветов Марион Диксон?
29. Как она на это реагирует?
30. Почему директор просит Мартынова «заболеть» номером?
31. О чём договариваются директор с Мартыновым?
32. Кто будет участвовать в новом номере?
33. Чем и во имя чего готова пожертвовать Райка?

Сце́на в убо́рной Ма́рион [0:18:35]:

Серди́ться / рассерди́ться + на кого?
Угрожа́ть + кому? чем?
Вырыва́ть / вы́рвать из рук + что?
Уда́рить + кого?
Пла́кать / запла́кать
Чемода́н
Наблюда́ть + за кем?
Вылеза́ть / вы́лезти + (от)куда?
Балко́н

В но́мере гости́ницы [0:22:40]:

Снег
Моро́з
Узо́ры на окне́
Вре́мя го́да
Но́мер = ко́мната
Роя́ль (Игра́ть на роя́ле)
Пе́сня
Ребёнок
Негр, негритя́нка
Мула́т
Го́рничная
Испу́ганный
Пуга́ться / испуга́ться + кого/чего?
Браву́рная му́зыка
Акко́рд
Заглуша́ть / заглуши́ть + кого/что?
О́тчество
Называ́ть (+ кого?) по о́тчеству
Брать за́ руку
Влюбля́ться / влюби́ться + в кого?

34. Из-за чего сердится фон Кнейшиц?
35. Чем он угрожает Марион?
36. Как он себя ведёт?
37. Как ведёт себя Марион? Почему?
38. О чём она думает?
39. Зачем Мартынов заходит в уборную к Марион?
40. Что там происходит?

41. Как долго продолжаются гастроли Марион в СССР? Как вы об этом догадались?
42. Какую песню поёт Мартынов?
43. Зачем к Марион подходит её горничная-негритянка?
44. Почему Марион нервничает?
45. Зачем она садится за рояль?
46. Какую музыку она играет?
47. Какие отношения между Марион и Мартыновым?
48. Почему Мартынов так неожиданно уходит?

«Где Марты́нов? Где Ра́йка? Где все?» *[0:26:52]*:

Волнова́ться

Не́рвничать

Опа́здывать / опозда́ть

Срыва́ть / сорва́ть репети́цию

Танцева́ть + с кем?

Уха́живать + за кем?

Есть / съесть + что?

Стенгазе́та

Уезжа́ть / уе́хать

Признава́ться / призна́ться + кому? в чём?

Выводи́ть / вы́вести из терпе́ния + кого?

49. Почему директор нервничает?
50. Где в это время находится Райка?
51. Почему фон Кнейшиц ухаживает за Райкой?
52. О чём Райка ему рассказывает?
53. Почему Мартынов не хочет, чтобы Марион уехала?
54. Как директор реагирует на признание Мартынова?

Объясне́ние в любви́ *[0:32:23]*:

Па́дать / упа́сть на коле́ни + перед кем?

Оде́жда

Чемода́н

Стенно́й шкаф

Покупа́ть / купи́ть + что? для кого?

Проща́ть / прости́ть + кого? за что?

Шантажи́ровать + кого? чем?

Шанта́ж

То́лстые гу́бы

Приплю́снутый нос

Пла́кать / запла́кать

Бе́лая ко́жа

Чёрная ко́жа

Колыбе́льная

Забира́ть / забра́ть + кого?

Слы́шать / услы́шать + кого/что?

Меня́ть / измени́ть + что? на что?

55. Как Марион помогает Райке?
56. Почему фон Кнейшиц недоволен?
57. Как начинается новый номер?
58. Чем он заканчивается? Почему?
59. Как реагирует фон Кнейшиц?
60. Что делает Марион?
61. Что предлагает фон Кнейшиц директору?
62. Почему он внезапно прекращает переговоры с директором?
63. Как фон Кнейшиц заставляет Марион уйти с арены цирка?
64. Почему фон Кнейшиц падает перед Марион на колени?
65. Чем фон Кнейшиц пытается шантажировать Марион?
66. Почему ребёнок плачет?
67. Как Марион успокаивает ребёнка?
68. Что Марион решает сделать?
69. Почему она изменяет свою подпись?

Обма́н *[0:43:55]:*

Относи́ть / отнести́ + что? куда?

Наблюда́ть + за кем?

Красть / укра́сть + что?

Обма́нывать / обману́ть + кого?

Влеза́ть / влезть + куда?

Приду́мывать / приду́мать + что?

Кова́рный план

Расшифро́вывать / расшифрова́ть

Узнава́ть / узна́ть + кого?

Недоразуме́ние

Ревнова́ть / приревнова́ть + кого? к кому?

Возмуща́ться / возмути́ться

Возмуще́ние

Пощёчина

Дать пощёчину + кому?

Успока́ивать / успоко́ить + кого?

Утеша́ть / уте́шить + кого?

Но́мер со льва́ми *[0:50:35]:*

Кле́тка

Лев (*pl.* львы)

Забира́ться / забра́ться + куда?

Свида́ние

Проходи́ть / пройти́ + куда?

«На тебя́ хва́тит!»

Выпуска́ть / вы́пустить + кого? куда?

Не́рвничать

Выбега́ть / вы́бежать на аре́ну

Решётка

Отбива́ться / отби́ться + от кого? чем?

Сы́пать в глаза́ песо́к

Рыча́ть / зарыча́ть + на кого?

Бу́рные аплодисме́нты

У́жас, в у́жасе

Побежда́ть / победи́ть + кого?

Укроща́ть / укроти́ть + кого?

Укроти́тель львов

Ла́ять / зала́ять + на кого?

Па́дать / упа́сть в о́бморок

70. Что делает Марион с письмом?

71. Кто наблюдает за ней?

72. Как письмо попадает к фон Кнейшицу?

73. Какой план придумывает фон Кнейшиц?

74. Какова реакция Скамейкина на письмо?

75. Почему «гладиатор» говорит Скамейкину: «С тебя пол-литра!»?

76. Кого Скамейкин не узнал?

77. Что произошло в результате этого недоразумения?

78. Почему Райка плачет?

79. Как Мартынов её утешает?

80. Как реагирует Мартынов на новость, которую ему сообщает Райка?

81. Что Скамейкин делает в клетке?

82. Почему директор в ужасе, когда он видит Скамейкина?

83. Что директор говорит Скамейкину?

84. Какую команду даёт директор?

85. Почему Скамейкин выбегает на арену цирка?

86. Как Скамейкин борется со львами?

87. Как ведёт себя укротитель?

88. Как реагируют зрители?

89. Почему Скамейкин падает в обморок за кулисами?

Проща́льная гастро́ль [0:53:57]:

Гастро́ль
Покида́ть / поки́нуть + что?
Объясня́ться / объясни́ться + с кем?
Расстро́енный
Выступа́ть / вы́ступить
Энтузиа́зм
Объясне́ние

90. О чём Мартынов спрашивает Марион?
91. Как Марион понимает его реакцию?
92. Как проходит последнее выступление Марион? Почему?
93. Зачем Райка приходит в гостиницу к Марион?
94. Что выясняется в их разговоре?
95. Почему Райка говорит Марион: «Вы для Мартынова – всё!»?

За́говор подру́г [1:00:14]:

Заговóрщица
Заговóрщик
Подрýга
Вокзал
Покупáть / купи́ть биле́ты на по́езд
Ста́лкиваться / столкну́ться + с кем?
Хвата́ть / схвати́ть + кого?
Вта́скивать / втащи́ть + кого? куда?
Густа́я вуа́ль
Узнава́ть / узна́ть + кого?
Передава́ть/ переда́ть + кого? кому?
Поднима́ть / подня́ть вуа́ль
Выпры́гивать / вы́прыгнуть из по́езда

96. Где находится фон Кнейшиц?
97. Почему Скамейкин дарит ему цветы?
98. Куда втаскивают Скамейкина?
99. Знает ли Скамейкин о заговоре?
100. Зачем заговорщицам нужен Скамейкин?
101. Почему фон Кнейшиц выпрыгивает из поезда?

Как заня́ть зри́телей? [1:02:50]:

Свисте́ть / засвисте́ть
Выпуска́ть / вы́пустить (+кого?) на мане́ж
Занима́ть / заня́ть + кого? чем?
Выступа́ть / вы́ступить + с чем?
По́рох
Чу́до те́хники
Трю́ки
Е́здить + на чём?

102. Почему публика свистит?
103. Что решает делать директор?
104. У кого и почему он спрашивает: «Порох у вас ещё есть?»
105. Какой номер выпускают на манеж? Какого года?
106. Как принимает стариков публика?
107. Почему директор не отменяет новый номер?
108. Сколько времени старики занимают зрителей?

Заговор продолжается [1:07:48]:

Эскала́тор
По́езд метро́
Шлёпать / шлёпнуть + кого?
Спаса́ть / спасти́ + кого?
Принима́ть / приня́ть + кого? за кого?
Предлага́ть / предложи́ть + что? кому?
Целова́ть / поцелова́ть + кого?
Объясня́ться / объясни́ться
Реша́ть / реши́ть
Реше́ние

«Полёт в стратосфе́ру» [1:11:20]:

Му́зыка
Появля́ться / появи́ться + где?
Костю́м
Под ку́полом ци́рка
Спуска́ться / спусти́ться
Акроба́ты
Пирами́да
Гна́ться + за кем?
Дра́ться / подра́ться + с кем?
Убега́ть / убежа́ть + от кого?

Секре́т раскры́т [1:19:12]:

Прерыва́ть / прерва́ть + что?
Выбега́ть / вы́бежать на мане́ж
Объявля́ть / объяви́ть + что? кому?
Любо́вница
Ра́совое преступле́ние
Расизм
Передава́ть / переда́ть по ряда́м
Прегражда́ть / прегради́ть доро́гу
Смея́ться
Петь по-ру́сски, по-украи́нски, по-грузи́нски, по-евре́йски (на и́диш)
Влюблённые

109. Что делает в это время Скамейкин?
110. Почему директор шлёпает Марион?
111. Что Марион рассказывает директору?
112. Что она ему предлагает?
113. Как реагирует директор на предложение Марион?
114. Что Марион объясняет Мартынову?
115. Что он ей отвечает?

116. Как начинается номер?
117. Как одеты Марион и Мартынов?
118. Кто принимает участие в номере?
119. Опишите номер «Полёт на луну».
120. Почему Скамейкин и фон Кнейшиц дерутся?
121. Где в это время находится ребёнок Марион?

122. Как и зачем фон Кнейшиц прерывает номер?
123. Как реагируют на его объявление зрители? Директор? Марион?
124. Почему зрители передают ребёнка Марион по рядам?
125. Кто поёт колыбельную сыну Марион? На каких языках?
126. Что происходит за кулисами?
127. Что поёт Марион? Почему?

1.9   Расскажите об эпизоде

Выберите один или два эпизода из фильма (задание 1.8) и подробно расскажите о них, используя лексику эпизодов и подходящие по смыслу союзы: *сначала; после этого; потом; перед тем как; после того как; в то же время; в то время как; пока; когда; в это время; а; но.*

1.10 Реплики из фильма

Кто, кому и когда это говорит?

1. Или мы разводимся, или мы женимся!
2. Нет, ты скажи «да»!
3. Они меня простят. — *Macron*
4. Значит твоя любовь должна стоить государству $500 в месяц? — *director Martinov*
5. Я ничего не хочу!
6. Меня любит иностранка!
7. Теперь понятно? – Вот теперь понятно!
8. Спят медведи, спят слоны, дяди спят и тёти.
9. Вы забываете своё прошлое!
10. Я жертвую любовью ради искусства.

1.11 Головоломка

Используя по одному слогу из каждой колонки, найдите здесь слова из списка в 1.8. Начало каждого слова дано в первой колонке.

РЕ	ШЛО	ЛИВ
О	РИ	КА
ЗРИ	СЧАСТ	ЛИ
РЕВ	МИ	ДОЙ
НЕ	ТЕ	НОК
АР	МА	СА
МО	БИТЬ	НУТЬ
ВЛЮ	ШИБ	СЯ
ПРО	БЁ	Е
АКТ	ЛО	Я
ОБ	НИ	ВЫЙ

1.12 Кроссворд

Слово по вертикали:

В спорте – тренировка, в театре и цирке –_____.

Слова по горизонтали:

- В конце фильма герои идут в колоннах на _____(4)_____ по _____(1)_____ _____ (2 слова).

- Фон Кнейшиц _____(2)_____ Марион к Мартынову.

- В цирковом номере, поставленном Кнейшицем, Марион вылетает из _____(3)_____.

- С помощью _____(5)_____ Фон Кнейшиц пытается заставить Марион выйти за него замуж.

- Профессия Мартынова в армии -- _____(6)_____.

- Цель фильма – показать всему миру, что в СССР нет _____(8)_____. Все _____(7)_____ здесь равноправны.

- Фон Кнейшиц сорвал представление и выбежал на арену, чтобы _____(9)_____ всем зрителям секрет Марион.

1.13 Сцены из фильма

Напишите о сцене, которая ...

    а) больше всего вам понравилась;

    б) кажется вам самой смешной;

    в) по вашему мнению, является кульминационной сценой фильма;

    г) кажется вам наименее важной, потому что она ничего не добавляет к развитию сюжета.

Эти слова помогут вам выразить ваше мнение. Расширенный список подобных слов и выражений вы найдёте на странице 183.

В конце концов	Одним словом
В отличие от	По мнению (кого?)
Вместо того, чтобы	По следующим причинам
Во-первых, ... Во-вторых,... В-третьих,...	По сравнению с тем, что
Дело в том, что	Поскольку

Для того, чтобы
Если
Если бы
Значит
Из-за того, что...
К сожалению
Кажется

Когда
Кроме того, что
Например
Несмотря на то, что
Но
Однако

После того, как
После этого
Потому (,) что
Поэтому
Прежде всего
При условии, что
С одной стороны...., с другой
    стороны...
С точки зрения (кого?)
Судя по тому, что
Так как
Таким образом
Тем не менее
Хотя

1.14 Сценаристы и актёры

Напишите и разыграйте в классе сцену, которой нет в фильме. Например: Райка и Марион разрабатывают подробный план побега Марион.

1.15 Напишите

1. Опишите отношения в «любовном треугольнике» Марион-Мартынов-фон Кнейшиц.

2. Чем отличается цирковой номер «Полёт в стратосферу» от «Полёта на луну»? Объясните политическую символику номера «Полёт на луну».

3. Какой образ США создан в фильме? Правдоподобен ли он?

4. Какой образ СССР создан в фильме? Сравните этот образ с тем, что вы знаете о Советском Союзе 30-ых годов.

1.16 Перевод

- Прочитайте следующие диалоги из фильма.
- Перепишите их в косвенной речи.
- Переведите на идиоматичный английский.

(*Директор цирка*)- (*Принимает Марион за Райку.*) Попробую не сойти с ума. Ошибся. А где Райка?

(*Марион*)- Райка не придёт. Она спасает ребёнка одного человека. Она придёт через тридцать минут.

(*Директор цирка*)- Ещё тридцать минут? Всё погибло.

(*Марион*)- Послушайте.

(*Директор цирка*)- Ай, бросьте.

(*Марион*)- Послушайте, я полечу с Мартыновым в стратосферу.

(*Директор цирка*)- Что ты говоришь?

(*Марион*)- Я полечу с Мартыновым в стратосферу.

(*Директор цирка*)- На доллары?

(*Марион*)-На советские, хорошо?

(*Директор цирка*)- Давай, я тебя поцелую. Это от имени дирекции, это от имени Наркомфина...

(*Мартынов*)- А я считал вас общественником.

(*Директор цирка*)- Это для дела. Премьера состоится. Я её уговорил. *(Уходит.)*

(*Марион*)- Петрович, я не писала Скамейкину. Я писала для тебя, для тебя одного. Я не еду в Америку. Я остаюсь в Москве. Я люблю тебя.

[...]

(*Фон Кнейшиц*)- *(Прерывает представление.)* Стойте! Остановитесь! Эта женщина... Отойдите от этой твари. Она была любовницей негра! У неё чёрный ребёнок!

(*Директор цирка*)- Ну и что?

(*Фон Кнейшиц*)- У белой женщины чёрный ребёнок!

(*Директор цирка*)- Ну и что?

(*Фон Кнейшиц*)- Это расовое преступление! Ей нет места в цивилизованном обществе. Ей нет места среди белых людей.

(*Директор цирка*)- Почему нет места?

(Зрители смеются и передают с рук на руки маленького Джимми.)

(*Фон Кнейшиц*)- Почему вы смеётесь, господа?!

(*Директор цирка*)- А что ж нам плакать, что ли?

(Зрители поют колыбельную Джимми. Возвращается Марион.)

(*Марион*)- Что это?

(*Директор цирка*)- Это значит, что в нашей стране любят всех ребятишек. Рожайте себе на здоровье сколько и каких хотите – чёрненьких, беленьких, красненьких, хоть голубых, хоть розовеньких в полосочку, хоть в яблочко, пожалуйста.

1.17 Перевод

Переведите разговор между Марион и фон Кнейшицем на русский. Сравните с разговором в фильме.

(*von Kneischitz*)- Mary, let's go home.

(*Marion*)- No, I'll stay here.

(*von Kneischitz*)- All right. Comrade director, citizens, this woman ...

(*Marion*)- Stop it. I'm coming.

(In Marion's hotel room.)

(*von Kneischitz*)- I love you, Mary. Let's go away from here.

(*Marion*)- No.

(*von Kneischitz*)- To California, to the ocean, to the sun. There you will forget Moscow. This city has driven you mad, Mary.

(*Marion*)- No.

(*von Kneischitz*)- What do you want?

(*Marion*)- I want to stay in Moscow.

(*von Kneischitz*)- They don't marry women like you. But I ..., I bought all these things for you. These things cost thousands of dollars. All these things were bought for you, Mary.

(*Marion*)- The Mary you bought them for doesn't exist anymore.

(Jimmy walks into the room.)

(*von Kneischitz*)- Look, your past is following you.

(*Marion*)- They will forgive me.

(*von Kneischitz*)- They will never forgive you. *(Points at Jimmy.)* This frizzy hair, this flat nose, these thick lips…

(*Marion*)- Martynov loves me!

(*von Kneischitz*)- Loves you?! He has white skin. He'll despise you. You are a fool!

1.18 Перевод

Переведите текст на идиоматичный русский.

As this film, made in 1936, begins, an angry crowd of Americans pursues a terrified woman. She escapes onto a moving train with her infant. When we next see her, she is entering the stage of a Soviet circus for an act called "Flight to the Moon." The act is successful, but Marion's manager, von Kneischitz, hits her and threatens to reveal her secret if she refuses to marry him. She is comforted by a handsome young actor, Martynov, who has just returned from the army.

Von Kneischitz is jealous of Martynov. He takes Martynov's acting partner, Raika, to a restaurant, where he tempts her with many rich desserts. He is hoping to make her gain weight—if she is too heavy, Martynov will fall and hurt himself during their act, which is called "Flight to the Stratosphere." His plan works—Martynov falls. But Marion runs to Martynov, holds his head tenderly and calls him by his first name.

Von Kneischitz is furious. He begs Marion to go away with him, but she has decided to stay in Moscow. Marion's toddler enters the room and we discover that he is Marion's "secret": the child is black. Marion, a tender mother, sings her adorable son a lullaby in Russian. Marion then writes a note to Martynov, asking him to meet her, and signs it "Masha." But von Kneischitz intercepts the note. In the next scenes there is a series of misunderstandings, but in the end Marion and Martynov confess their love to each other.

With Raika missing for the final act, the actors have to keep the audience entertained. They hope she will show up for "Flight to the Stratosphere," but the audience is getting restless. Marion saves the day. She takes Raika's place and flies with Martynov into the stratosphere. The act is a hit! But von Kneischitz tries one more time to destroy their love. He shows her black child to the audience. But the good Soviet citizens react unexpectedly—they pass the child from hand to hand to keep him safe from the racist von Kneischitz. The Soviet men and women sing to the boy in various languages as they tenderly hold him. The ending is a happy one, the future is bright. Everyone sings.

1.19 Рекламный ролик

- Напишите сценарий и разыграйте рекламный ролик к фильму (5-7 минут). Ваша задача привлечь зрителя в кино.
- Снимите этот ролик на видео и покажите его в классе.

1.20 Симпозиум

- Напишите ответ на вопрос «Что делает пропаганду эффективной?».
- Подготовьтесь к обсуждению в классе.

1.21 Рецензия на фильм

Прочитайте и проанализируйте рецензию.

- Почему режиссёр Александров обратился к теме цирка?
- В чём парадокс этого фильма?

Фильм «Цирк», один из наиболее важных фильмов советского кино, вышел на экраны в 1936-ом году. В 1937 году фильм «Цирк» был удостоен высшей награды – премии «Гран-при» на международном фестивале в Париже, а в 1941 году получил Сталинскую премию первой степени. Этот фильм, поставленный в годы сталинских репрессий, рисует картину советского общества, общества свободы, равенства и братства. Режиссёр фильма Г.Александров, который утверждал, что главная идея фильма – это борьба с расизмом, хотел показать миру, что, в отличие от Запада, в Советском Союзе любой человек может обрести настоящую родину. Несмотря на то, что героиня «Цирка» Марион Диксон – американка, а не немка, сам Александров говорил, что речь в фильме идёт о Германии. Писать об этой стране, с которой Советский Союз в то время пытался заключить договор, было сложно, хотя образ зловещего немецкого антрепренёра, как будто сошедшего с экрана сентиментального немецкого кино, достаточно четко передаёт отношение автора к гитлеровской Германии.

«Цирк» стал самым популярным советским фильмом, и звучащая в начале фильма «Песня о Родине» стала неофициальным советским гимном. Эта песня, которая начинается словами «Широка страна моя родная...», оказывает невероятное эмоциональное воздействие на зрителя благодаря замечательной музыке Дунаевского и стихам Лебедева-Кумача. «И никто на свете не умеет лучше нас смеяться и любить» – эти строчки знали все. Зрители чувствовали себя частью огромной страны, великого, талантливого народа, способного творить чудеса.

Название «Цирк» не случайно. Цирк, пожалуй, самый любимый вид искусства в России. К теме цирка обращались многие русские писатели: Куприн, Булгаков и другие. Цирк – это преемственность поколений, это искусство, которое существует вне времени и идеологии и олицетворяет собой что-то вечное и неистребимое. «Цирк» – фильм, пропагандирующий и прославляющий советский строй, фильм, созданный во времена террора. Но чудо этого замечательного произведения советской кинематографии заключается в том, что несмотря на тотальную цензуру авторам фильма удалось наполнить его гуманистическими идеями западной цивилизации и показать в фильме и Чарли Чаплина в исполнении актера Отто, и Марион Диксон, явно напоминающую Марлен Дитрих, и знаменитого актёра еврейского театра Михоэлса, поющего колыбельную маленькому сыну Марион.

Парадокс заключается в том, что в фильме сосуществуют и откровенная пропаганда и вера в родство разных культур и цивилизаций, и зрители должны учиться читать «между строк», отделяя пропаганду от настоящего искусства.

1.22 Начинающий кинокритик

Напишите свою собственную рецензию на фильм. Вы можете поместить её на следующие сайты <www.ozon.ru>, <www.bolero.ru>.

1.23 Песня из фильма

«Широка страна моя родная»
Слова: Василий Лебедев – Кумач
Музыка: Исаак Дунаевский

Припев: Широка страна моя родная,
      Много в ней лесов, полей и рек.
      Я другой такой страны не знаю,
      Где так вольно дышит человек.

От Москвы до самых до окраин,
С южных гор до северных морей
Человек проходит как хозяин
Необъятной родины своей.
Всюду жизнь привольно и широко,
Точно Волга полная течёт.
Молодым везде у нас дорога,
Старикам везде у нас почёт.

(Припев.)

Наши нивы взглядом не обшаришь,
Не упомнишь наших городов.
Наше слово гордое «товарищ»
Нам дороже всех красивых слов.
С этим словом мы повсюду дома,
Нет для нас ни чёрных, ни цветных.
Это слово каждому знакомо,
С ним везде находим мы родных.

(Припев.)

Над страной весенний ветер веет,
С каждым днём все радостнее жить,
И никто на свете не умеет
Лучше нас смеяться и любить!
Но сурово брови мы насупим,
Если враг захочет нас сломать.
Как невесту, Родину мы любим,
Бережём, как ласковую мать!

(Припев.)

Глава 2

Золушка

Ленфильм, 1947 г., по мотивам сказки Ш. Перро «Золушка», 84 мин.

2.1 Несколько слов о фильме

Всем известна знаменитая сказка французского сказочника Шарля Перро «Золушка». Немного по-новому рассказал эту сказку известный советский драматург Евгений Шварц, который является автором сценария фильма. Мы знакомимся со злой мачехой и её капрсными дочками, с доброй, милой Золушкой и её отцом-лесничим, со смешным королём сказочного королевства, молодым принцем и весёлыми министрами. И хотя мы знаем, чем кончается сказка, нас всё равно увлекает фильм о дружбе, верности и благородстве. (По материалам из Интернета.)

2.2 Над фильмом работали

Режиссёры-постановщики	Надежда Кошеверова и Михаил Шапиро Надежда Кошеверова (1902-1989). Режиссёр. Сняла девятнадцать фильмов. Родилась в Петербурге. В 1923 г. окончила актёрскую школу при петроградском театре «Вольная комедия». До 1928 г. была актрисой в разных театрах Ленинграда. С 1929 г. работала режиссёром на киностудии «Ленфильм». Предпочитала традиционные волшебные сказки для детей. Фильм «Золушка» был её первым крупным успехом.
Автор сценария	Евгений Шварц
Оператор-постановщик	Евгений Шапиро
Художник-постановщик	Исаак Махлис
Композитор	Антонио Спадавеккиа
Звукорежиссер	Александр Островский

2.3 Действующие лица и исполнители

Действующие лица:	Исполнители:
Золушка	Янина Жеймо (1909 –1987) Актриса. Снялась в девятнадцати фильмах. Родилась в Волковыске, в семье цирковых артистов. Окончила Институт Экранного искусства (1930 г.). Актриса киностудии «Ленфильм», с 1949 г.— Театра-студии киноактёра. С 1957 г. жила в Польской народной республике.
Принц	Алексей Консовский
Король	Эраст Гарин
Мачеха	Фаина Раневская
Дочери	Елена Юнгер, Татьяна Сезеновская
Лесничий	Василий Меркурьев
Маркиз Падетруа (министр танцев)	Алексей Румнев
Фея	Варвара Мясникова
Паж	Игорь Клеменков
Солдат	Сергей Филиппов

2.4 Кто есть кто? Звёзды кинематографии

Найдите информацию о следующих известных деятелях кинематографии в Интернете и сделайте сообщение в классе об одном из них. Вы можете проиллюстрировать свой рассказ клипами из других фильмов, над которыми они работали. (*Совет: Информацию о многих деятелях российского кино вы можете найти на сайте <www.mega.km.ru/cinema>. Вы можете также сделать поиск по интересующей вас фамилии в русскоязычном Google <www.google.com/ru/> или в поисковой системе Yandex <www.yandex.ru>)

Евгений Шварц
Фаина Раневская
Эраст Гарин
Сергей Филиппов

2.5 Кто? Где? Когда? 10 вопросов к фильму

1. О чём разговаривали король и лесничий?
2. Что мачеха и сёстры приказали Золушке сделать перед отъездом на бал?
3. Как Золушка попала на бал?
4. Кого встретила Золушка на балу?
5. Где оказались Золушка, принц, король и сёстры на 9 минут 9 секунд?
6. Как реагирует король на сообщение о том, что принц влюбился?
7. Что делает мачеха, узнав, что разыскивают невесту принца?
8. Почему Золушка помогает одной из сестёр надеть туфельку?
9. Как во дворце избавляются от нежеланной невесты?
10. Чем заканчивается фильм? Что говорит король в конце фильма?

2.6 Что сначала? Что потом?

Расположите предложения в том порядке, в каком произошли события в фильме. Используйте, где уместно, следующие союзы: *потом; когда; после того как; в то время как; в то же время; через какое-то время; через несколько дней / лет; несколько дней спустя.*

- Мачеха и сёстры с триумфом отправляются во дворец.
- Принц и Золушка остаются одни в зале.
- Маркиз Падетруа начинает танцевать с Анной.
- Принц ищет прекрасную незнакомку и случайно встречает в лесу Золушку.
- Перед отъездом на бал мачеха даёт Золушке множество заданий.
- Мальчик-паж дарит Золушке хрустальные туфельки.
- Золушка надевает туфельку, и все узнают в ней прекрасную незнакомку.
- Во двор к мачехе и сёстрам сваливается солдат с туфелькой.
- Появляется фея-крёстная и одевает Золушку в бальное платье.

- Мальчик-паж предупреждает Золушку, что король перевёл все часы на час назад.

- Золушка мечтает поехать на бал.

- Бьют часы, и Золушка убегает.

- Туфелька падает с ноги Анны.

- Король и лесничий встречаются в лесу.

- Принц начинает объясняться Золушке в любви.

2.7   Кадры из фильма и задания к ним

1. Соедините реплики с кадрами.

    А)   Ах, у вас золотые ручки!

    Б)   И хоть я не волшебник, а только учусь...

    В)   Я хотел сразиться с бешеным медведем, чтобы отдохнуть от домашних дел.

    Г)   Ты, кажется, хотела побежать в парк, чтобы постоять под королевскими окнами?

    Д)   Сейчас, сейчас буду делать чудеса! Обожаю эту работу.

    Е)   Каждый там, где ему приятно. Волшебная страна велика. Но мы здесь ненадолго. Человек может попасть сюда всего на девять минут девять секунд и ни на один миг больше.

2. Расположите кадры в хронологическом порядке и кратко расскажите, что происходит в каждом кадре.

3. Конкурс вопросов: задайте как можно больше вопросов к каждому кадру.

4. Опишите отношения между Золушкой и мачехой; между Золушкой и феей; между Золушкой и принцем; Золушкой и королём.

5. Расскажите о второстепенных героях фильма (отец Золушки, мальчик-паж, дочери мачехи). Дополните описания героев вашими собственными предположениями.

2.8   Сцены. Слова. Вопросы.

Слова, которые помогут вам говорить о фильме:

Вопросы:

Приглаше́ние на бал [0:02:20]:

Геро́льд
Труби́ть в трубу́
Обраще́ние
Приглашённые на бал
Жи́тели ска́зочного короле́вства
Слы́шать
Бе́гать по короле́вству
Проверя́ть / прове́рить
Поря́док, в поря́дке
Вытира́ть пыль

1.   О чём объявляет королевский герольд?

2.   К кому он обращается?

3.   Что, по словам герольда, делает король?

4.   Какой бал обещает герольд?

Встре́ча в лесу́ [0:04:12]:

Лесни́чий
Огля́дываться / огляну́ться
Боя́ться
До́чери от пе́рвого бра́ка
Па́дчерица
Ядови́тый хара́ктер
Остава́ться / оста́ться на престо́ле
Собира́ть хво́рост

5. Почему король попадает в лес?
6. Кого он там встречает?
7. Почему лесничий всё время оглядывается?
8. Как он описывает своё семейное положение?
9. Как реагирует король на рассказ лесничего?
10. Каким образом Золушка услышала о бале?

Зо́лушка на ку́хне [0:07:19]:

Сковоро́дка
Оча́г
Ого́нь
Стенны́е часы́
Говори́ть / поговори́ть по душа́м
Расстра́иваться / расстро́иться; расстро́ена
Замеча́ть / заме́тить + кого/ что?
Мечта́ть + о ком/чём?

11. Чем занята Золушка на кухне?
12. С кем она разговаривает?
13. Почему она расстроена?
14. Чего ей очень-очень хочется?
15. Может ли она пойти на праздник?

Мачеха и её дочери [0:11:30]:

Де́лать замеча́ния

Воспи́тывать + кого?

Танцева́ть

Выспра́шивать + что? у кого?

Выпра́шивать + что? у кого?

Упра́шивать + кого?

Хлопота́ть

Очаро́вывать / очарова́ть + кого? чем?

Добыва́ть

Добива́ться

Име́ть больши́е свя́зи

Проси́ть / попроси́ть + что? у кого?

Возмуща́ться + чем?

Смотре́ть на себя́ в зе́ркало

Прикла́дывать к голове́ стра́усовые
    пе́рья

Любова́ться + кем?

Ба́льные пла́тья

А́хать / а́хнуть + от чего? (от восто́рга
    / удивле́ния)

«Кака́я безвку́сица!», «Како́е
    уро́дство!»

Дава́ть / дать зада́ния + кому?

16. Почему мачеха считает, что Золушка должна быть ей благодарна?

17. Что делают сёстры, когда мачеха вталкивает Золушку в их комнату?

18. Как мачеха относится к своему мужу?

19. Чего ждала мачеха от разговора лесничего с королём?

20. Что говорит мачеха о себе, сидя у зеркала?

21. Как реагируют сёстры, когда Золушка показывает им сшитые ею бальные платья? Почему?

22. Какие задания даёт мачеха Золушке перед отъездом на бал?

Золушка одна́ [0:18:36]:

Петь пе́сню

Стира́ть + что?

Убира́ть + что?

Моло́ть кофе

Зола́

Вози́ться + с чем?

23. Что делает Золушка, оставшись одна?

24. Прочитайте слова песни, которую поёт Золушка (см. текст песни в конце главы) и скажите, почему все зовут её Золушкой? Как Золушка реагирует на несправедливость?

Зо́лушку собира́ют на бал *[0:20:50]:*

Фе́я-крёстная
О́блако
Паж
Старе́ть / постаре́ть
Молоде́ть / помолоде́ть
Обижа́ть / оби́деть + кого?
Хвали́ть / похвали́ть + кого? за что?
Счёты (Подсчи́тывать на счётах)
Име́ть больши́е свя́зи
Каре́та
Ко́ни
Ты́ква
Мышь (pl.мы́ши)
Ку́чер
Кры́са
Превраща́ть / преврати́ть + кого? во что?
Превраща́ться / преврати́ться + в кого/ во что?
Волше́бник, волше́бница
Хруста́льные ту́фельки

25. Как появля́ется фея во дворе́ до́ма Зо́лушки?
26. Как она́ вы́глядит?
27. Отчего́ фея вдруг измени́лась вне́шне? Как она́ ста́ла вы́глядеть?
28. Что ма́льчик-паж подсчи́тывает на счётах?
29. Почему́ фея не мо́жет преврати́ть злу́ю ма́чеху в лягу́шку?
30. Как фея и её учени́к собира́ют Зо́лушку на бал?
31. Как реаги́рует Зо́лушка на все превраще́ния?
32. Что фея говори́т Зо́лушке на проща́нье?

Знако́мство с королём *[0:29:57]:*

Поднима́ться / подня́ться по ступе́нькам
Рвать / порва́ть + что?
Кружевно́й воротни́к
Што́пать / зашто́пать + что?
Иго́лка с ни́ткой
Предска́зывать / предсказа́ть + что? кому?
Стоя́ть на поро́ге + чего?

33. Что замеча́ет Зо́лушка, здоро́ваясь с королём?
34. Почему́ коро́ль се́рдится?
35. Как Зо́лушка помога́ет королю́ успоко́иться?
36. О каки́х ска́зках и геро́ях ска́зок говори́т коро́ль?
37. Что так восхища́ет короля́ в Зо́лушке?
38. Что предска́зывает коро́ль Зо́лушке?

Весе́лье в по́лном разга́ре *[0:33:33]:*

Запи́сывать / записа́ть + что? куда?
Подсчи́тывать / подсчита́ть + что?
Знак внима́ния
Высоча́йшая осо́ба
Бума́жный самолётик
Хохота́ть / захохота́ть

39. Как веселя́тся ма́чеха и сёстры?
40. Чем они́ за́няты?
41. Чего́ не мо́жет поня́ть лесни́чий?
42. Как развлека́ется принц? Почему́?
43. Чего́ хо́чет доби́ться ма́чеха?

Зо́лушка произво́дит фуро́р [0:35:55]:

Незнако́мка
Очаро́вывать / очарова́ть + кого?
Потеря́ть дар ре́чи
А́хать, о́хать
Представля́ть / предста́вить + кого?
    кому?
Узнава́ть / узна́ть + кого?

44. Как встреча́ют Золушку приглашённые на бал?
45. Почему принц, знакомясь с Золушкой, не знает, что сказать?
46. Как он выглядит?
47. Король гордится принцем? Откуда нам это становится понятным?
48. Что говорит король о Золушке, представляя её всем гостям?
49. Узнали ли Золушку её отец и мачеха?

Игра́ в фа́нты [0:37:48]:

Пе́рвый фант
Второ́й фант
Петь / спеть + что? кому?
Пляса́ть / спляса́ть = танцева́ть / станцева́ть
Дру́жба
Встава́ть / встать в круг
Кла́няться / поклони́ться + кому?
Аплоди́ровать + кому?
Затыка́ть / заткну́ть уши во́ском
Слы́шать
Слу́шать

50. В какую игру решает играть король?
51. Каковы правила этой игры?
52. Чей первый фант? Какой он?
53. О чём и как поёт Золушка?
54. Почему король пожимает Золушке руку?
55. Чей следующий фант?
56. Что вы можете сказать об этом человеке?

Путеше́ствие в волше́бную страну́ [0:41:55]:

Перенести́сь + куда?
Сове́товать / посове́товать
Влюбля́ться / влюби́ться + в кого?
Понима́ть / поня́ть + что?
Истека́ть / исте́чь

57. Где оказываются Золушка и принц?
58. Сколько времени они могут там провести?
59. О чём принц пытается поговорить с Золушкой?
60. Удалось ли принцу сказать то, что он хотел?

Продолже́ние ба́ла [0:45:58]:

Возвраща́ться / верну́ться + отку́да?

Ме́дленный / бы́стрый та́нец

Кабачо́к

Приглаша́ть / пригласи́ть (+ кого?) на та́нец

Уга́дывать / угада́ть жела́ние

Моро́женое

Предупрежда́ть / предупреди́ть + кого? о чём?

Переводи́ть / перевести́ часы́

Объясня́ться / объясни́ться в любви́

Встава́ть / встать на коле́ни + пе́ред кем?

Бежа́ть / побежа́ть

Выбега́ть / вы́бежать

Пря́таться / спря́таться + куда? от кого?

Бой часо́в

Утеша́ть / уте́шить + кого?

61. Отку́да верну́лись коро́ль, сёстры, волше́бник?

62. Почему́ Зо́лушка не танцева́ла с марки́зом Падетруа́?

63. Как принц угада́л жела́ние Зо́лушки?

64. Что так расстро́ило и испуга́ло Зо́лушку?

65. Как принц по́нял Зо́лушкино настрое́ние? Что он ей сказа́л?

66. Где ока́зывается Зо́лушка с бо́ем часо́в?

67. Как ма́льчик-паж утеша́ет Зо́лушку?

«Принц влюби́лся!» [0:54:38]:

Объеда́ться / объе́сться + чем?

Приводи́ть в чу́вство + кого?

Возмуща́ться / возмути́ться + чем?

Расти́ / Вы́расти

Докла́дывать / доложи́ть + кому? что?

Привра́тники

68. Почему́ коро́ль возмуща́ется?

69. Почему́ он меня́ет гнев на ми́лость?

70. О чём он расспра́шивает привра́тников?

Коро́ль берётся за де́ло [0:58:23]:

Семими́льные сапоги́

Иска́ть / Найти́

Неве́ста при́нца

Высма́тривать де́вушек

Приземля́ться / приземли́ться + куда?

71. О чём расска́зывает коро́ль солда́там?

72. Како́й прика́з отдаёт коро́ль свое́й стра́же?

73. Как прохо́дит по́иск неве́сты при́нца?

Невеста принца [1:00:12]:

Какой размер?
Бочонок вина
Отплатить добром + за что?
Надевать / надеть + что? на кого?
Угрожать + кому?
Спасать / спасти + кого?
Королевская тёща
«Шагом марш!»

74. Как встречают капрала мачеха и её дочери?
75. Почему мачеха отводит капрала в сторону?
76. Что она ему предлагает?
77. Какая идея приходит в голову мачехе и её дочерям?
78. Почему Золушка соглашается на приказание мачехи?
79. Как мачеха утешает младшую дочь?
80. Что мачеха приказывает солдатам?

Неожиданная встреча [1:05:35]:

Собирать хворост
Бежать / побежать на голос
Откликнуться
Сходить / сойти с ума
Ломаться
Ломака

81. О чём поет Золушка, собирая хворост?
82. Каким образом принц встречается с Золушкой?
83. О чём он её спрашивает?
84. Почему принцу кажется, что он сошёл с ума?
85. Почему принц говорит «Принцессы все ломаки»?

«Где она, моя дорогая?» [1:10:50]:

Быть в отчаянии
Торжествовать
Прихрамывать
Туфелька невозможно мала / велика
У вас найдётся... ?
Жаловаться / пожаловаться + кому? на кого?
Свадьба
Жениться / пожениться
Выяснять отношения + с кем?
Мешать / помешать + кому? делать что?

86. Почему король приходит в отчаяние, когда он видит «невесту» принца?
87. Почему мачеха говорит: «Дельце обделано, дорогой зятёк!»
88. Кто и как выручает короля?
89. Что происходит во время танца?
90. Как на это реагируют мачеха и все окружающие?
91. Как Золушка появляется в зале?
92. Кто приводит принца? Почему?
93. Как король выражает свой восторг?

Коне́ц *[1:12:14]*:

Име́ть со́весть

Име́ть свя́зи

Душа́

Влюбля́ться / влюби́ться + в кого?

Ве́рность

Благоро́дство

Уме́ние

Роди́ться

Мечта́ть + о ком/чём?

94. Что говорит король о мачехе?

95. О чём он мечтает?

2.9   Расскажите об эпизоде

Выберите один или два эпизода из фильма (задание 2.8) и подробно расскажите о них, используя лексику эпизодов и подходящие по смыслу союзы: *сначала; после этого; потом; перед тем как; после того как; в то же время; в то время как; пока; когда; в это время; а; но.*

2.10   Реплики из фильма

Кто, кому и когда это говорит?

1. Работаю как лошадь: бегаю, хлопочу, выпрашиваю, упрашиваю, выспрашиваю, очаровываю.

2. Я не волшебник, я только учусь.

3. Я добьюсь, чтобы вас зачислили в книгу первых красавиц королевства.

4. Ваше время истекло. Кончайте разговор, кончайте разговор.

5. Ухожу в монастырь! Почему мне до сих пор не доложили, что ты уже вырос?

6. Я буду жаловаться королю! … Я буду жаловаться на короля!

7. Найдётся!

8. Видите, какие в этой семье ядовитые характеры.

9. Хочу, хочу, чтобы счастье вдруг пришло ко мне.

10. С туфелькой я вам буду очень благодарна. Вы понимаете меня?

2.11 Головоломка

Используя по одному слогу из каждой колонки, найдите здесь слова из списка в 2.8. Начало каждого слова дано в первой колонке.

ЛЕС	НА	ВАТЬ
БО	БИТЬ	СЯ
ТАН	ГА	РАТЬ
У	ФЕЛЬ	ЧИЙ
ПО	ХО	ЛИТЬ
ВОЛ	НИ	ДАТЬ
ХО	ХВА	СЯ
УЗ	ШЕБ	ВАТЬ
У	ЦЕ	НИК
ТУ	БИ	КА
ВЛЮ	ЯТЬ	ТАТЬ

2.12 Кроссворд

Слово по вертикали: Золушка была очень _____ из-за того, что её никто не пригласил на бал.

- В день бала король бегал по королевству и _____(1)_____, всё ли в порядке.

- В разговоре с королём лесничий признался, что у его второй жены ужасно _____(5)_____ характер.

- Фея _____(6)_____ тыкву в карету, мышей в лошадей, а крысу в кучера.

- После того как Золушка заштопала королю его кружевной воротник, он сказал, что у неё _____(7)_____ руки.

- Войдя в зал, Золушка сразу _____(2)_____ всех приглашённых на бал.

- Когда Золушку _____(3)_____ её отцу, он притворился, что не узнал свою дочь.

- По просьбе короля, волшебник _____(4)_____ всех в волшебную страну, в которой каждый находился там, где ему хотелось.

- Чтобы принц не увидел её в грязном платье, Золушка _____(10)_____ за колонну.

- Золушке пришлось _____(9)_____ туфельку на ногу старшей сестры.

- Но во дворце старшая сестра _____(8)_____ туфельку в танце.

2.13 Сцены из фильма

Напишите о сцене, которая ...

а) больше всего вам понравилась;

б) кажется вам самой смешной;

в) по вашему мнению, является кульминационной сценой фильма;

г) кажется вам наименее важной, потому что она ничего не добавляет к развитию сюжета.

Эти слова помогут вам выразить ваше мнение. Расширенный список подобных слов и выражений вы найдёте на странице 183.

В конце концов	Одним словом
В отличие от	По мнению (кого?)
Вместо того, чтобы	По следующим причинам
Во-первых, ... Во-вторых,... В-третьих,...	По сравнению с тем, что
Дело в том, что	Поскольку
Для того, чтобы	После того, как
Если	После этого
Если бы	Потому (,) что
Значит	Поэтому
Из-за того, что...	Прежде всего
К сожалению	При условии, что
Кажется	С одной стороны...., с другой стороны...
Когда	С точки зрения (кого?)
Кроме того, что	Судя по тому, что
Например	Так как
Несмотря на то, что	Таким образом
Но	Тем не менее
Однако	Хотя

2.14 Сценаристы и актёры

Напишите и разыграйте в классе сцену, которой нет в фильме. Например, во время танца туфелька не падает с ноги сестры Золушки. Что делать? В сцене могут участвовать король, маркиз, мачеха, две сестры, отец Золушки и министр танцев.

2.15 Напишите

1. Опишите отношения между отцом Золушки и мачехой.

2. Сравните мачеху в сказке Шарля Перро «Золушка» с мачехой в фильме. Тескт сказки вы найдёте в конце этой главы (2.23).

3. Объясните разницу в языке сказки и фильма.

4. Вспомните американский фильм, в основе которого лежит сказка о Золушке. Что в этой сказке делает её «универсальной» и привлекает режиссёров фильмов?

2.16 Перевод

- Прочитайте разговор между мачехой и лесничим.
- Перепишите его в косвенной речи.
- Переведите на идиоматичный английский.

(*Мачеха*) – Где ты, ядовитый змей?

(*Лесничий*) – Я здесь, дорогая.

(*Мачеха*) – Где ты был?

(*Лесничий*) – В лесу.

(*Мачеха*) – Что ты там делал?

(*Лесничий*) – Я хотел сразиться с бешеным медведем.

(*Мачеха*) – Зачем?

(*Лесничий*) – Ну, чтобы отдохнуть от домашних дел, дорогая.

(*Мачеха*) – Посмотри мне в глаза. Это правда, что ты говорил с королём?

(*Лесничий*) – Чистая правда, жёнушка.

(*Мачеха*) – Ты попросил, чтобы тебе прибавили жалованье?

(*Лесничий*) – Что-то мне и в голову это не пришло.

(*Мачеха*) – Да, но ты попросил короля, чтобы меня и моих дочек записали в книгу первых красавиц королевства?

(*Лесничий*) – Что ты, дорогая, как можно?

(*Мачеха*) – Значит, ты говорил с королём и ничего у него не выпросил?!

(*Лесничий*) – Конечно, ведь мы беседовали так просто, по-приятельски.

(*Мачеха*) – Ядовитый змей! Несчастная я! Расстроил меня перед балом. Почему я всегда сама всё делаю? Работаю, как лошадь. Бегаю, хлопочу, выпрашиваю, выспрашиваю, упрашиваю, очаровываю, добываю и … добиваюсь. У меня такие связи, что сам король может мне позавидовать. Нет, решено. Я выживу тебя из твоего собственного дома, и ты умрёшь в лесу, и тебя съест твой бешеный медведь.

2.17 Перевод

Переведите разговоры между мачехой и Золушкой на русский. Сравните с разговором в фильме.

(*Stepmother*) – You're dancing… I've been running around [= сби́ться с ног] getting ready for the ball, and here you are dancing. I take care of you [= воспи́тывать / воспита́ть + кого?] much more than my own daughters. They don't get a single comment [= замеча́ние] from me for months, while you, Zolushka… I take care of you every day. And where's your gratitude? … I know you wanted to run to the palace park…

(*Zolushka*)- Only when everyone's gone, mother, and nobody needs me here.

(*Stepmother*) – Follow me, Zolushka.

(*They enter the room where Zolushka's stepsisters are practicing their dance.*)

(*Stepmother*) – My little ones [= кро́шки], do you know what this lazy girl was doing in there?! She was dancing! She didn't care how tired I've gotten getting ready for the ball.

[…]

(*Stepmother*) – Zolushka, didn't you want to run to the park and stand at the palace windows to watch the ball?

(Zolushka)- May I, mother?

(Stepmother) – Certainly, you may, my dear. But before you do that, clean all the rooms, wash all the windows, wax the floors, weed the garden, plant seven rose bushes under the windows, sort out seven bags of beans (separate white from brown), search your inner self [= познай самоё себя], and grind enough coffee for seven weeks.

(Zolushka) – But mother, I won't be able to manage [= управляться / управиться + с чем?] all that work in a month.

(Stepmother) – Well, hurry up, hurry up, my dear.

2.18 Перевод

Переведите текст на идиоматичный русский.

"Cinderella," directed by Nadezhda Kosheverova and Mikhail Shapiro, instantly became a classic upon its release in 1947. The screenplay by the playwright Evgeny Shvarts follows the basic and well-known plot of Perrault's fairytale, but has its own endearing features. The tale is brought to life by the amazing cast and set. Ianina Zheimo, in the role of Cinderella, is incredibly sweet, hard-working and kind. Her fairy godmother, played by Varvara Miasnikova, is gentle and wise, yet also mysterious and powerful. The Page (Igor Klemenkov), a role invented by Shvarts, has an unearthly air of dignity and sweetness and Erast Garin's King is silly and lovable. But perhaps the most brilliant performance is that of Faina Ranevskaia as the Wicked Stepmother. From moment to moment her mood changes completely. She cajoles, grows angry, forgives and praises all in the course of one speech. The set, from Cinderella's pots and pans to the fancy costumes and formal rooms of the ball scene, is a delight to the eye. Finally, it would be wrong not to mention the gorgeous music played by wonderful musicians for this film. After all, it was Russia that produced many of the composers and musicians who later moved to Los Angeles and provided the memorable music for some of our most beloved Hollywood films.

2.19 Рекламный ролик

- Напишите сценарий и разыграйте рекламный ролик к фильму (5-7 минут). Ваша задача привлечь зрителя в кино.
- Снимите этот ролик на видео и покажите его в классе.

2.20 Симпозиум

- Напишите ответ на вопрос «Почему тема Золушки пользуется такой популярностью в кино?»
- Подготовьтесь к обсуждению в классе.

2.21 О фильме

Прочитайте и проанализируйте рецензию.

- Расскажите о двух противоположных версиях истории съёмок фильма.
- Какую парадоксальную деталь биографии Янины Жеймо отмечает автор текста?

Фильм «Золушка» по сценарию Евгения Шварца был задуман в конце войны. Казалось бы, идея снять фильм по сказке пришла к создателям фильма несвоевременно. Страна переживала тяжёлое послевоенное время и следовало бы для поднятия народного духа снять фильм патриотический, на актуальную для страны тему. Но несмотря ни на что, фильм был одобрен киноначальством. Ведь в фильме добро побеждает, а зло наказывается, скромность и терпение вознаграждаются, а властолюбие и тирания получают заслуженный урок.

Сняла «Золушку» режиссёр Надежда Кошеверова; создателем костюмов и декораций, а также и самой идеи фильма был Николай Акимов. Существует две противоречащие друг другу версии истории съёмок «Золушки». Согласно первой, для съёмок купили самую лучшую в то время цветную плёнку, которую, к сожалению, в процессе съёмок испортили. В результате, пришлось снимать фильм на чёрно-белой плёнке. По этой же версии, бюджет фильма составил 7 миллионов рублей – сумма небывалая в истории советского кинематографа, особенно в тяжелое послевоенное время. Костюмы актёров были сшиты из дорогих материалов. На декорации денег тоже не пожалели.

С другой стороны, говорят, что «Золушка» была снята с минимальным бюджетом и поистине коллективными усилиями. Все, кто участвовал в создании фильма, старались принести на съёмки какие-нибудь «сказочные» предметы для декорации и костюмов актёров. А великолепное бальное платье Золушки, оказывается, было сшито из обрезков.

Набором актёров руководил сам Акимов. Отбор производился медленно и тщательно. Например, актёра на роль мальчика-пажа подбирали почти полгода. На эту роль пробовались 25 тысяч мальчишек. На роль Золушки пробовалась шестнадцатилетняя балерина, но роль досталась Янине Жеймо. Зрители и не подозревали, что юную героиню играет в фильме тридцативосьмилетняя женщина. Это была последняя роль Жеймо в советском кино. После «Золушки» она дублировала зарубежные фильмы и озвучивала мультфильмы. А в 1957 году Жеймо вместе с мужем вернулась в Польшу. Современному зрителю актёры, играющие роли Золушки и Принца, неизвестны. Между тем, и для Жеймо, и для Алексея Консовского, которому в то время было всего лишь 35 лет, этот фильм был завершением их творческой карьеры.

2.22 Начинающий кинокритик

Напишите свою собственную рецензию на фильм. Вы можете поместить её на следующие сайты <www.ozon.ru>, <www.bolero.ru>

2.23 Текст и фильм

Прочитайте сказку «Золушка» Шарля Перро.

- Чем фильм и сказка похожи и чем они отличаются?

Жил-был лесник. Первая жена его умерла, и он женился во второй раз. Вторая его жена оказалась очень злой и высокомерной женщиной. Всё было ей не по вкусу, но больше всего невзлюбила она свою падчерицу. Она заставляла бедную падчерицу делать всю самую грязную и тяжёлую работу в доме. Спала она на чердаке, под самой крышей, на колючей соломенной подстилке. Бедная девушка молча сносила все обиды и не решалась пожаловаться даже отцу. Вечером, окончив работу, она забиралась в уголок возле камина и сидела там на ящике с золой. Поэтому сёстры, а за ними и все в доме прозвали её "Золушкой".

Как-то раз сын короля той страны устроил большой бал и созвал на него всех знатных людей с жёнами и дочерьми. Золушкины мачеха и сёстры тоже получили приглашение на бал, а Золушку никто не пригласил. У неё, бедной, работы стало ещё больше, чем всегда.

- А что, Золушка, хотелось бы тебе поехать на королевский бал? - спрашивали сёстры, пока она причёсывала их перед зеркалом.

- Ах, что вы, сестрицы! Вы смеётесь надо мной! Разве меня пустят во дворец в этом платье и в этих башмаках!

- Что правда, то правда. Вот было бы смешно, если бы такая грязнуля явилась на бал!

Другая на месте Золушки причесала бы сестриц как можно хуже. Но Золушка была добра: она причесала их как можно лучше.

Наконец долгожданный день настал. Перед отъездом злая мачеха дала Золушке много работы. Когда мачеха и сёстры уехали, Золушка горько заплакала. Её крёстная-фея, которая как раз в это время зашла навестить бедную девушку, застала её в слезах.

- Тебе хотелось бы поехать на бал, не правда ли? - спросила крёстная.

- Правда, - вздохнула Золушка.

- Что ж, будь только умницей, - сказала фея, - а уж я позабочусь о том, чтобы ты могла побывать сегодня во дворце.

С этими словами она коснулась палочкой тарелки, что стояла на столе. В одно мгновение просо отделилось от мака. Но на этом чудеса не окончились. Фея огляделась вокруг и дотронулась палочкой до тыквы, двух ящериц и четырёх мышек. Тут же во дворе послышалось лошадиное ржание. Золушка выглянула в окно и не поверила собственным глазам. Перед домом стояла великолепная золотая карета, запряжённая четвёркой белоснежных лошадей, с кучером в бархатной ливрее. Последним подарком феи было роскошное бальное платье и туфельки из чистейшего хрусталя, какие и не снились ни одной девушке.

Фея посадила Золушку в карету и строго-настрого приказала возвратиться домой до полуночи.

- Если ты опоздаешь хоть на одну минутку, - сказала она, - твоя карета снова превратится в тыкву, лошади - в мышей, лакеи – в ящериц, а твой наряд опять превратится в старенькое платьице.

- Не беспокойтесь, я не опоздаю! - ответила Золушка и, не помня себя от радости, отправилась во дворец.

Принц, которому доложили, что на бал приехала прекрасная, но никому не известная принцесса, сам выбежал встречать её. Он подал ей руку, помог выйти из кареты и повёл в зал, где уже находились король с королевой и придворные.

Всё сразу стихло. Скрипки замолкли. И музыканты, и гости невольно загляделись на незнакомую красавицу, которая приехала на бал позже всех. "Ах, как она хороша!" - говорили шёпотом кавалер кавалеру и дама даме. Даже король, который был очень стар и больше дремал, чем смотрел по сторонам, и тот открыл глаза, поглядел на Золушку и сказал королеве вполголоса, что давно уже не видел такой красоты.

Принц усадил свою гостью на самое почётное место, а чуть только заиграла музыка, подошёл к ней и пригласил на танец. Она танцевала так легко и грациозно, что все залюбовались ею ещё больше, чем прежде. После танцев разносили угощение. Но принц ничего не мог есть - он не сводил глаз со своей дамы. А Золушка в это время разыскала своих сестёр, подсела к ним и, сказав каждой несколько приятных слов, угостила их апельсинами и лимонами, которые поднёс ей сам принц.

Но вот, беседуя с ними, Золушка вдруг услышала, что дворцовые часы бьют одиннадцать часов и три четверти. Она встала, поклонилась всем и пошла к выходу так быстро, что никто не успел догнать её. Вернувшись из дворца, она ещё успела до приезда мачехи и сестёр забежать к волшебнице и поблагодарить её за счастливый вечер.

- Ах, если бы можно было и завтра поехать во дворец! - сказала она. - Принц так просил меня...

И она рассказала крёстной обо всём, что было во дворце.

На другой вечер сёстры опять отправились во дворец - и Золушка тоже... На этот раз она была ещё прекраснее и наряднее, чем накануне. Принц не отходил от неё ни на минуту. Он был так приветлив, что Золушка забыла обо всём на свете, даже о том, что ей надо уехать вовремя, и вспомнила об этом только тогда, когда часы стали бить полночь. Она поднялась с места и побежала. Принц бросился за ней, но её и след простыл. Только на ступеньке лестницы лежала маленькая хрустальная туфелька. Принц бережно поднял её и приказал расспросить привратников, не видел ли кто-нибудь из них, куда уехала прекрасная принцесса. Но никто никакой принцессы не видал.

Когда обе сестрицы вернулись домой, Золушка спросила у них, весело ли им было на балу. Сёстры стали ей рассказывать о принцессенезнакомке, которая очаровала принца. Странно было то, что принцесса убежала из дворца, как только часы начали бить двенадцать.

- Она так торопилась, что даже потеряла на пороге хрустальный башмачок, - сказала старшая сестрица.

- А принц поднял его и до конца бала не выпускал из рук, - сказала младшая.

- Должно быть, он по уши влюблён в эту красавицу, которая теряет на балах башмаки, - добавила мачеха.

И это была правда. Через несколько дней принц приказал объявить по всему королевству, что девушка, которой придётся впору хрустальная туфелька, станет его женой. Конечно же, сначала туфельку мерили всем принцессам, потом герцогиням, потом придворным дамам, но всё было напрасно: она была тесна и герцогиням, и принцессам, и придворным дамам. Наконец очередь дошла и до сестёр Золушки. Ах, как старались обе сестрицы натянуть маленькую туфельку себе на ноги! Но она не лезла им даже на кончики пальцев. Золушка, которая с первого взгляда узнала свою туфельку, улыбаясь, смотрела на эти напрасные попытки.

- А ведь она, кажется, будет впору мне, - сказала Золушка.

Сестрицы так и залились злым смехом. Но придворный кавалер, который примерял туфельку, внимательно посмотрел на Золушку и, заметив, что она очень красива, сказал:

- Я получил приказание от принца примерить туфельку всем девушкам в городе. Позвольте вашу ножку, сударыня!

Он усадил Золушку в кресло и, надев хрустальную туфельку на её маленькую ножку, сразу увидел, что она была как раз. Сёстры замерли от удивления. Но ещё больше удивились они, когда Золушка достала из кармана вторую хрустальную туфельку - совсем такую же, как первая, только на другую ногу - и надела, не говоря ни слова. В эту самую минуту дверь отворилась и в комнату вошла фея - Золушкина крёстная. Она дотронулась своей волшебной палочкой до бедного платья Золушки, и оно стало ещё пышнее и красивее, чем было накануне на балу. Тут только обе сестрицы поняли, кто была та красавица, которую они видели во дворце. Они кинулись к ногам Золушки, чтобы вымолить себе прощение за все обиды, которые она вытерпела от них. Золушка простила сестёр - ведь она была не только хороша собой, но и добра. Её отвезли во дворец к молодому принцу. А через несколько дней сыграли весёлую свадьбу.

2.24 Тексты песен и аккорды

«Песня Золушки»
Слова: Е. Шварц
Музыка: А. Спадавеккиа

Дразнят Золушкой меня,
От того, что у огня,
Силы не жалея,
В кухне я тружусь-тружусь,
С печкой я вожусь-вожусь,
И всегда в золе я.

От того, что я добра,
Надрываюсь я с утра
До глубокой ночи.
Всякий может приказать,
А спасибо мне сказать
Ни один не хочет.

Прячу я печаль свою,
Я не плачу, я пою,
Улыбаюсь даже.
Но неужто никогда
Не уйти мне никуда
От золы и сажи?

«Добрый жук»
Слова: Е. Шварц
Музыка: А. Спадавеккиа

C G_7
Встаньте, дети, встаньте в круг,
        C
Встаньте в круг, встаньте в круг!
       G_7
Жил на свете добрый жук,
Dm_7 G_7 C
Старый добрый друг.

D_7 G
Никогда он не ворчал,
D_7 G
Не кричал, не пищал,
D_7 G
Громко крыльями трещал,
Am D_7 G_7
Строго ссоры запрещал.

Встаньте, дети, встаньте в круг,
Встаньте в круг, встаньте в круг!
Ты мой друг, и я твой друг,
Старый верный друг!

Полюбили мы жука,
Старика-добряка,
Очень уж душа легка
У него, весельчака.

C G_7
Встаньте, дети, встаньте в круг,
        C
Встаньте в круг, встаньте в круг!
A_7 Dm
Ты мой друг, и я твой друг,
G_7 C
Старый верный друг!

«Песенка принца в волшебной стране»
Слова: Е. Шварц
Музыка: А. Спадавеккиа

Вы как сон или виденье:
Вдруг неловко прикоснусь,
Вдруг забудусь на мгновенье
И в отчаяньи проснусь.

Ни словами, ни слезами
Вас не трону, ангел мой,
Но надеюсь сами, сами
Вы поймёте, что со мной.

«Песня Золушки в лесу»
Слова: Е. Шварц
Музыка: А. Спадавеккиа

Перед Вашей красотою,
Словно мальчик, я дрожу,
Нет! Я сердце не открою,
Ничего Вам не скажу.
Я не знаю, что со мною.
Только-только полюбя,
Вдруг рассталась я с тобою,
Отказалась от тебя.
Вдруг рассталась я с тобою,
Отказалась от тебя.
Шаг один, одно движенье,
И обратно нет пути.
Счастье скрылось, как виденье,
Горе встало впереди.
Я не знаю, что со мною.
Только вижу, вижу я,
Что своею добротою
Погубила я себя.
Что своею добротою
Погубила я себя.

Глава 3

Летят журавли

Россия-Франция, 1957 г., драма , 95 мин.

Награды:

"Золотая пальмовая ветвь" на Международном кинофестивале в Каннах (1958 г.).
Специальный диплом за исполнение главной роли (актриса Татьяна Самойлова)
на МКФ в Каннах (1958 г.). Почётный диплом на МКФ в Локарно (1958 г.). Приз
"Серебряное сомбреро" на МКФ в Гвадалахаре (1958 г.).

3.1   Несколько слов о фильме

Действие фильма происходит во время Великой Отечественной войны (1941-
1945). Борис уходит на фронт. Вероника, его невеста, остаётся в Москве и ждёт от
него писем. Но писем нет. Во время бомбардировки города погибают её родители.
Неожиданно для всех Вероника выходит замуж за двоюродного брата Бориса Марка,
но всю войну она продолжает ждать Бориса. (По материалам из Интернета)

3.2   Над фильмом работали

Режиссёр	Михаил Калатозов (1903 - 1973) Режиссёр, сценарист, оператор. Родился в Тифлисе. В 1937 г. окончил аспирантуру Академии искусствознания в Ленинграде. С 1937 г. — режиссёр киностудии «Мосфильм». В 1944-1946 гг. — начальник Главного комитета по производству художественных фильмов. В 1946-1948 гг. — заместитель министра кинематографии СССР. Народный артист СССР (1969 г.). Лауреат Каннского кинофестиваля 1958 г. за фильм «Летят журавли». Снял тринадцать фильмов.
Сценарист	Виктор Розов
Оператор	Сергей Урусевский
Композитор	Моисей Вайнберг

3.3   Действующие лица и исполнители

Действующие лица:	Исполнители:
Борис	Алексей Баталов Актёр, режиссёр, сценарист. Снялся в более 30 фильмах. Родился 20. 11. 1928 г. во Владимире. Окончил актёрское отделение Школы-студии МХАТ (1950 г.). В 1953-1956 гг. играл на сцене МХАТ им. М. Горького, в 1957-1975 гг. — актёр и режиссёр киностудии «Ленфильм». В кино снимается с 1944 г. С 1975 г.— педагог ВГИКа (Всероссийский Государственный институт кинематографии), профессор (1979 г.). Народный артист СССР (1976 г.), Лауреат Государственной премии СССР (1981 г.) за участие в фильме «Москва слезам не верит». Лауреат Государственной премии РСФСР им. братьев Васильевых (1968 г.) за участие в фильме «Девять дней одного года».
Вероника	Татьяна Самойлова
Ирина (сестра Бориса)	Светлана Харитонова
Марк (двоюродный брат Бориса и Ирины)	Александр Шворин

Фёдор Иванович Бороздин   Василий Меркурьев
(отец Бориса и Ирины)

3.4   Кто есть кто? Звёзды кинематографии

Найдите информацию о следующих известных деятелях кинематографии в Интернете и сделайте сообщение в классе об одном из них. Вы можете проиллюстрировать свой рассказ клипами из других фильмов, над которыми они работали. (*Совет: Информацию о многих деятелях российского кино вы можете найти на сайте <www.mega.km.ru/cinema>. Вы можете также сделать поиск по интересующей вас фамилии в русскоязычном Google <www.google.com/ru/> или в поисковой системе Yandex <www.yandex.ru>)

Виктор Розов
Татьяна Самойлова

(3.5)   Кто? Где? Когда? 10 вопросов к фильму

1. Когда происходит действие фильма?
2. Кто главные герои?
3. Сколько им лет в начале фильма?
4. Какие у них семьи?
5. Где происходит действие в начале, в середине и в конце фильма?
6. Что случилось с родителями Вероники?
7. За кого Вероника выходит замуж?
8. Куда и почему они уезжают?
9. Как Вероника находит ребёнка?
10. Чем заканчивается фильм?

3.6   Что сначала? Что потом?

Расположите предложения в том порядке, в каком произошли события в фильме. Используйте, где уместно, следующие союзы: *потом; когда; после того как; в то время как; в то же время; через какое-то время; через несколько дней / лет; несколько дней спустя.*

- Вероника находит на улице потерявшегося ребёнка.
- Вероника опаздывает на проводы Бориса.
- Влюблённые Борис и Вероника возвращаются домой со свидания.
- Приходит повестка, и Борис должен уйти на фронт.
- Вероника переезжает жить к Бороздиным.
- Вероника выходит замуж за Марка.
- Борис погибает на войне.
- Перед уходом на фронт Борис просит бабушку отнести Веронике

подарок и записку.

4 • Вся семья эвакуируется в Сибирь.

15 • Марк дарит белку Вероники своей любовнице.

2 • Рано утром по радио объявляют, что началась война.

16 • Вероника идёт на вокзал встречать возвращающихся с фронта солдат.

12 • Вероника начинает работать медсестрой в госпитале.

3 • Выясняется, что Марк получил бронь обманом.

7 • Родители Вероники погибают во время бомбёжки города.

3.7   Кадры из фильма и задания к ним

1. Соедините реплики с кадрами.

   А) Терпи, терпи, друг. До леска немного осталось, а там уж мы дома.

   Б) Ты знаешь, когда ты со мной, я ничего не боюсь, даже войны не боюсь.

   В) – От Бори к дню рождения. Тут и записка. – А где же записка?

   Г) Ну, вы тут в тылу оставайтесь, выполняйте, перевыполняйте.

   Д) – Почему ты всё время преследуешь меня? Неужели не стыдно?
      – Стыдно. Я знаю, что Борис мой брат, но я ничего не могу с собой поделать.

   Е) Ну, вот тебе. Твои журавлики-кораблики.

2. Расположите кадры в хронологическом порядке и кратко расскажите, что происходит в каждом кадре.

3. Конкурс вопросов: задайте как можно больше вопросов к каждому кадру.

4. Опишите отношения между Вероникой и Марком; между Вероникой и Фёдором Ивановичем; между Марком и Бороздиными.

5. Расскажите о второстепенных героях фильма (Ирина, бабушка, Степан). Дополните описания героев вашими собственными предположениями.

3.8 Сцены. Слова. Вопросы.

Слова, которые помогут вам говорить о фильме:

✳ *Вероника и Борис [0:00:40]:*

Бежа́ть
Пры́гать
Полива́льная маши́на
Облива́ть / обли́ть (+ кого?) водо́й
Подъе́зд
Проща́ться / попроща́ться + с кем?
Ла́ять / зала́ять
Поднима́ться / подня́ться по ле́стнице
Спуска́ться / спусти́ться по ле́стнице
Уходи́ть / уйти́
Заво́д, на заво́де

У́тро. Нача́ло войны́ [0:02:43]:

За́втракать
Собира́ться / собра́ться за столо́м
*Слова́ми «Говори́т Москва́. Рабо́тают все радиоста́нции Сове́тского Сою́за…» начина́лись все ва́жные официа́льные сообще́ния.

Вопросы:

1. Где гуляют Вероника и Борис?

2. Почему они стараются говорить тихо в подъезде дома Вероники?

3. О чём они договариваются?

4. Где работает Борис?

5. Как начинается утро в семье Бориса?

6. Какое сообщение передают по радио?

Вероника и Марк на набережной [0:09:05]:

Ждать
Посвятить (+ кому?) фортепьянный
    концерт
Давать / дать бронь + кому?
Ценный
Преследовать + кого?
Стыдно
Ничего не могу с собой сделать
Провожать / проводить + кого?

7. Почему Марк приходит вместо
    Бориса?
8. Марка могут послать на фронт?
    Почему?
9. Как Вероника ведёт себя по
    отношению к Марку?
10. Как Марк относится к Веронике?

Борис и Вероника вешают затемнение [0:12:03]:

Затемнение
Вешать / повесить
Одеяло
Поступать / поступить в институт
Архитектурный институт
Взять (+ кого?) в армию
Бронь = официальное разрешение
    остаться в тылу (colloq.)
Подвенечное платье
Повестка = a call-up paper
Получить повестку (на фронт)
Доброволец
Идти / пойти на фронт добровольцем
Прощаться / попрощаться + с кем?

11. Почему Борис вешает одеяло на
    окно?
12. Как Борис называет Веронику?
13. Кем Вероника хочет стать?
14. Почему Вероника уверена, что
    Борису дадут бронь?
15. О чём мечтает Вероника?
16. Как она узнаёт, что Борис уходит на
    фронт добровольцем?
17. Когда он уходит на фронт?

Проводы Бориса [0:12:58]:

Гладить одежду
Собирать / собрать (+ кого?) на фронт
Собираться / собраться
Укладывать / уложить рюкзак
Подарок
Записка
Вкладывать / вложить + что? во что?
Помогать / помочь + кому?
Жених
Невеста
Занят/а
Опаздывать / опоздать
Сидеть за столом
Выпить + за кого / что?
От имени + кого?

18. О чём Борис просит бабушку?
19. В чём Фёдор Иванович упрекает
    Бориса?
20. Почему Вероники до сих пор нет?
21. Кто и зачем приходит в гости к
    Бороздиным?

Вероника спешит на проводы Бориса [0:24:18]:

Сборный пункт
Толпа
(Не) видеть / увидеть
Кричать / закричать
(Не) слышать / услышать
Прощаться / проститься + с кем?

22. Почему Вероника опаздывает?
23. Знает ли бабушка, где находится сборный пункт?
24. Почему Вероника и Борис так и не простились?

Воздушная тревога [0:32:20]:

Бомбёжка
Бомбить / разбомбить
Срочная работа
Бояться
Пожар
Дом разрушен
Подниматься / подняться по лестнице
Гибнуть / погибнуть

25. Почему надо спуститься в метро?
26. Почему отец Вероники отказался идти в метро?
27. Почему мать остаётся с ним?
28. Что видит Вероника, когда возвращается домой?

Вероника и Марк [0:36:20]:

Играть на рояле
Воздушная тревога
Бояться +кого/чего?
Разбиться (Окно разбилось)
Бежать / убежать + от кого?
Догонять / догнать + кого?
Целовать / поцеловать + кого?
Закрыть глаза

29. Где теперь живёт Вероника?
30. Почему во время воздушной тревоги Вероника говорит, что теперь она ничего не боится?
31. Что происходит между Вероникой и Марком?

На фронте [0:42:18]:

Окружение
Попасть в окружение
Разведка
Идти / пойти в разведку + с кем?
Сдать документы

32. Что произошло между Борисом и солдатом, который играет на гармошке?
33. Почему они вместе идут в разведку?

Марк и Вероника собираются пожениться [0:44:54]:

Жениться / пожениться
Бросать / бросить
Выходить / выйти из комнаты

34. Как Фёдор Иванович, Ирина и бабушка реагируют на сообщение Марка?

На фро́нте. Бори́с идёт в разве́дку [0:45:40]:

Ра́нить + кого? (Он ра́нен)
Нести́ / понести́ (+ кого?) на плеча́х
Лес, в лесу́
Вы́стрел
Стреля́ть / вы́стрелить + в кого?
Па́дать / упа́сть на зе́млю
Умира́ть / умере́ть
Сва́дьба
Сва́дебное пла́тье

35. Как Борис спасает солдата, с
    которым идёт в разведку?
36. Как Борис погибает?
37. Что ему представляется перед
    смертью?

Эвакуа́ция в Сиби́рь [0:51:13]:

Уезжа́ть / уе́хать в эвакуа́цию
Мечта́ть + о чём?
Ждать + чего?
Го́спиталь
Рабо́тать ня́нечкой в го́спитале
Уха́живать за ра́неными
Дежу́рить
Идти́ на дежу́рство
Имени́нница
Достава́ть / доста́ть + что?
Медикаме́нты = лека́рства

38. Как ведёт себя Вероника?
39. Почему она бежит встречать
    почтальона?
40. Почему Вероника говорит, что она
    не хочет жить?
41. Какие отношения между Вероникой
    и Марком?
42. Кто приходит к Марку? О чём он
    просит Марка?

В го́спитале [0:59:26]:

Ра́неные
Из-под Сталингра́да
Писа́ть пи́сьма под дикто́вку
Неве́ста
Дожида́ться / дожда́ться
Поправля́ться / попра́виться
(Не) досто́йна + кого / чего?
Презира́ть
Презре́ние

43. Где и кем работает Вероника?
44. Почему другой раненый кричит? Что
    с ним произошло?
45. Что Фёдор Иванович говорит
    раненому, чтобы его успокоить?
46. Почему Вероника убегает из
    госпиталя?

Верони́ка нахо́дит ребёнка [1:05:26]:

Броса́ться / бро́ситься под по́езд
Бежа́ть
Попа́сть под маши́ну
Спаса́ть / спасти́
Потеря́ться = заблуди́ться
Теря́ть / потеря́ть роди́телей на
   вокза́ле

47. Что собирается сделать Вероника?
48. Как Вероника находит ребёнка?
49. Сколько ему лет?
50. Как его зовут?
51. Почему ребёнок остался один?

Марк собира́ется в го́сти *[1:07:40]:*

Пода́рок
Бе́лка
Завора́чивать / заверну́ть пода́рок в
    афи́шу

52. Что Марк собирается сделать с белкой Вероники?

Верони́ка прино́сит Бо́рьку домо́й *[1:08:46]:*

Пла́кать гро́мко
Игра́ть / поигра́ть + с кем / чем?
Иска́ть / найти́
Скрыва́ть / скры́ть + что? от кого?
Быва́ть + у кого?
Изменя́ть / измени́ть + кому? с кем?
Ста́рая де́ва
Убега́ть / убежа́ть

53. Как Вероника узнаёт, что Марк унёс белку?

54. Какие отношения у Вероники с Ириной?

55. Почему Вероника называет Ирину «старой девой»?

56. Как Вероника узнаёт, что Марк ей изменяет?

На дне рожде́ния *[1:11:55]:*

Петь
Запи́ска
Вбежа́ть в дом
Схвати́ть
Дать пощёчину + кому?

57. Как Вероника находит записку, которую когда-то написал ей Борис?

Разгово́р в го́спитале *[1:16:20]:*

Зака́нчиваться / зако́нчиться
Предлага́ть / предложи́ть (+ кому?)
    де́ньги
Обма́нывать / обману́ть + кого?

58. Как Бороздин узнаёт, что Марк всех обманывал?

59. Как Марк получил бронь?

Борозди́н, Марк, Верони́ка и Ири́на *[1:17:46]:*

Обвиня́ть / обвини́ть + кого? в чём?
Теря́ть / потеря́ть жизнь + ра́ди кого?
Снима́ть / снять
У́гол = часть ко́мнаты
Случа́ться / случи́ться
Несча́стье
Осужда́ть / осуди́ть + кого? за что?
Жить за чужо́й спино́й

60. В чём Фёдор Иванович обвиняет Марка?

61. Почему Вероника хочет уйти и снять себе угол?

62. Как Бороздин объясняет, почему он не осуждает Веронику?

Приезд солдата *[1:20:14]*:

Воева́ть / отвоева́ть
Посторо́нний
Уби́ть
Разы́скивать / разыска́ть
Признава́ться / призна́ться + кому? в чём?
Ве́рить / пове́рить + кому?
Хорони́ть / похорони́ть
Пропа́сть бе́з вести в бою́

63. Почему солдат пришёл к Бороздиным?

64. О чём он рассказывает Веронике?

65. Вероника призналась солдату в том, что она была невестой Бориса? Почему?

66. Как Вероника объясняет, почему она не верит солдату?

Коне́ц войны́ *[1:25:40]*:

Вокза́л
Встреча́ть + кого?
Возвраща́ться / верну́ться с войны́
Толпа́
Смерть
Жив

67. Почему Вероника идёт на вокзал?

68. Что она делает на вокзале?

69. Что она понимает, когда Степан вынимает из кармана её фотографию?

70. О чём Вероника сейчас думает?

71. Почему она начинает раздавать цветы?

72. Как вы думаете, она перестала ждать Бориса?

3.9   Расскажите об эпизоде.

Выберите один или два эпизода из фильма (задание 3.8) и подробно расскажите о них, используя лексику эпизодов и подходящие по смыслу союзы: *сначала; после этого; потом; перед тем как; после того как; в то же время; в то время как; пока; когда; в это время; а; но.*

3.10 Реплики из фильма

Кто, кому и когда это говорит?

1. – Война! Слышишь, война! – Ну и пусть.

2. Никуда ты не пойдёшь. Отлично знаешь, что тебе дадут бронь, вот и хорохоришься.

3. Знаешь, я сошью себе на свадьбу белое подвенечное платье, как у бабушки.

4. Ты останешься у нас навсегда. Устраивайся.

5. – Я люблю тебя. – Нет, нет, нет, нет! Уйди!

6. Вам ничего нет.

7. – Ну, нельзя же себя всю жизнь казнить за ошибки. – Надо, до конца.

8. Утром известие из дома получил. Невеста не дождалась, за другого выскочила. Эти невесты хуже фашистов. В самое сердце бьют.

9. Это она своё счастье потеряла, а не он. Мелкая у неё душонка. Она испытание временем не выдержала.

10. Случайно никто не видел, где моя белка?

3.11 Головоломка

Используя по одному слогу из каждой колонки, найдите здесь слова из списка в 3.8. Начало каждого слова дано в первой колонке.

ОБ	БОМ	НОК
ИЗ	ПИС	НЯТЬ
ПО	ЩАТЬ	НУТЬ
РАЗ	БЁ	КА
РАЗ	ВЕСТ	БИТЬ
РА	ВЕС	НЫЙ
РЕ	ВЕД	НУТЬ
ПО	МА	КА
НЕ	НЕ	ТА
ЗА	МЕ	КА
ПРО	ГИБ	СЯ

3.12 Кроссворд

<u>Слово по вертикали:</u> В эвакуации Вероника работала нянечкой в _____.

<u>**Слова по горизонтали:**</u>

- До войны Вероника мечтала поступить в _____(5)_____ институт.

- Вероника и Борис не успели _____(6)_____, потому что Вероника _____(8)_____ на проводы.

- Борис даже не думал о том, чтобы получить бронь, он пошёл на фронт _____(9)_____.

- Когда Вероника вернулась домой после очередной воздушной тревоги, она увидела, что их дом был полностью _____(7)_____, а родители _____(1)_____.

- Взвод Бориса попал в _____(2)_____. Бориса послали в разведку.

- Борис отказался _____(3)_____ раненого солдата и _____(4)_____ его на своих плечах.

3.13 Сцены из фильма

Напишите о сцене, которая ...

- а) больше всего вам понравилась;

- б) кажется вам самой смешной;

- в) по вашему мнению, является кульминационной сценой фильма;

- г) кажется вам наименее важной, потому что она ничего не добавляет к развитию сюжета.

Эти слова помогут вам выразить ваше мнение. Расширенный список подобных слов и выражений вы найдёте на странице 183.

В конце концов	Одним словом
В отличие от	По мнению (кого?)
Вместо того, чтобы	По следующим причинам
Во-первых, ... Во-вторых,... В-третьих,...	По сравнению с тем, что
Дело в том, что	Поскольку

Для того, чтобы	После того, как
Если	После этого
Если бы	Потому (,) что
Значит	Поэтому
Из-за того, что...	Прежде всего
К сожалению	При условии, что
Кажется	С одной стороны...., с другой стороны...
Когда	С точки зрения (кого?)
Кроме того, что	Судя по тому, что
Например	Так как
Несмотря на то, что	Таким образом
Но	Тем не менее
Однако	Хотя

3.14 Сценаристы и актёры

Напишите и разыграйте в классе сцену, которой нет в фильме. Например, Марк и Вероника объявляют о своём намерении пожениться. Как реагируют на это сообщение отец Бориса, Ирина и бабушка?

3.15 Напишите

1. Напишите письмо, которое Вероника могла бы послать Борису.

2. Как отец и сестра Бориса относятся к Веронике? Как брак Вероники с Марком повлиял на отношение Бороздиных к Веронике?

3. Фильм «Летят журавли» снят по пьесе Виктора Розова «Вечно живые». Сравните названия фильма и пьесы.

4. Во время Великой Отечественной войны в Советском Союзе было популярно стихотворение Константина Симонова «Жди меня и я вернусь». Прочитайте это стихотворение и объясните, какая связь между ним и темой фильма «Летят журавли» (см. текст стихотворения в 3.24).

3.16 Перевод

- Прочитайте разговор из эпизода проводов Бориса.
- Перепишите его в косвенной речи.
- Переведите на идиоматичный английский.

(*Бабушка*)- А нельзя ему до завтра задержаться?

(*Ирина*)- Свинство, если он до сих пор у Вероники.

(*Приходит Борис.*)

(*Борис*)- Папа звонил?

(*Ирина*)- Ругался на чём свет. Ты почему ему ничего не сказал?

(*Борис*)- Вот именно для того, чтобы не было этих восклицаний.

[...]

(Борис протягивает чертёж Марку.)- Пойдёшь завтра на завод и отдашь вот это. Найдёшь инженера Кузьмина. Что ты суёшь?

(Марк)- Мне надо за вином сходить. Я сейчас.

(Борис)- Бабушка, у меня к Вам одна просьба. Сейчас, минуточку.

(Бабушка)- Вас сразу на фронт?

(Борис)- Наверное. *(Даёт бабушке завёрнутую в бумагу игрушку-белку.)* Бабушка, завтра утром, пораньше, отнесите ей. И потом, если ей трудно будет, мало ли что, всё-таки война, помогите ей.

(Бабушка)- А если умру я?

(Борис)- Вам умирать не полагается. Особенно теперь, когда Вы знаете столько секретов.

[…]

(Фёдор Иванович)- Борис, пойди сюда! Ну, что это? Двадцать пять лет и быть, извини меня, дураком? Ну, что мы, дети, что ли? Романтизма захотел... […] А где Вероника?

(Борис)- Сейчас придёт.

(Фёдор Иванович)- Ну, а где она?

(Борис)- Занята.

(Фёдор Иванович)- Это не хорошо. Она должна быть здесь. Жених уезжает...

(Борис)- Я не жених.

(Фёдор Иванович)- А кто?

(Борис)- Просто так.

(Фёдор Иванович)- То есть, как это «просто так»? Вы что, поссорились?

(Борис)- Нет. Ну, хватит придираться.

3.17 Перевод

Переведите разговор между Вероникой и Борисом на русский. Сравните с разговором в фильме.

(Veronika)-Can they draft you into the army?

(Boris)-Sure, they can.

(Veronika)-Would you go as a volunteer?

(Boris)-Sure, I would.

(Veronika)-You won't go anywhere. You know too well that they will give you an exemption.

(Boris)-What makes you think that they will give me an exemption?

(Veronika)- I just know. Because all smart people will be given exemptions from service.

[…]

(Stepan tells Boris that they both got call-up papers to leave that day at 5 p.m.)

(Veronika)-What are you talking about?

(Boris)- A call-up paper [= пове́стка] has arrived.

(Veronika)-For whom? For you, Stepan?

(Stepan)-For me too. We are both going as volunteers.

(Stepan leaves.)

(Boris)-I didn't want to tell you. Tomorrow is your birthday. I need to go now.

(Veronika)- Boris!

(*Boris*)-It's O.K. Nothing will happen to me. And then we'll live together for a long, long time. A hundred years.

(*Veronika laughs.*)-Go. We'll still have time to say goodbye.

(*Boris*)-Make sure you're not late!

3.18 Перевод

Переведите текст на идиоматичный русский.

"The Cranes are Flying" belongs to the period of the Soviet "Thaw," when for the first time it became possible to portray problematic aspects of Soviet life and history. At the beginning of the film, Veronika ("Squirrel") and Boris are young and in love, and believe a bright and happy life lies ahead. But the war starts, Boris is enlisted in the army as a volunteer, and he is soon called to the front. Boris's decadent cousin Mark, who has remained at home, is in love with Veronika. To her great misfortune, he manages to take advantage of her during a terrifying air raid. As a consequence of her deep feelings of shame, she agrees to marry him. The marriage is a disaster for several reasons. First of all, Veronika has never stopped waiting for Boris's return. Secondly, Mark, although a talented pianist, is an egoist with a weak character. In evacuation, Veronika tends wounded soldiers in a hospital. When she sees how the soldiers react to news that some bride-to-be married another man while her fiancé was fighting on the front, she has a crisis and runs away. It seems Veronika is thinking of committing suicide, but instead she rescues a child, whose name is Boris, from an oncoming train, and with this her new life begins.

In the meantime, the heroic Boris has been killed in the line of duty. Toward the end of the film Veronika looks for Boris among soldiers returning from the war. When Boris's friend shows Veronika the photograph of her that Boris had always had with him, Veronika understands that he really is dead. She begins giving out the flowers she had brought to the train station to the returning soldiers.

3.19 Рекламный ролик

- Напишите сценарий и разыграйте рекламный ролик к фильму (5-7 минут). Ваша задача привлечь зрителя в кино.
- Снимите этот ролик на видео и покажите его в классе.

3.20 Симпозиум

- Напишите ответ на вопрос « Почему Вероника вышла замуж за Марка?»
- Подготовьтесь к обсуждению в классе.

3.21 О фильме

Прочитайте и проанализируйте рецензию.

- Почему фильм был плохо принят киноначальством?

- Объясните смысл концепции режиссёра фильма Калатозова «кинематограф поэтической образности». Приведите примеры сцен из фильма.

Фильм «Летят журавли» – несомненная веха в истории советского и мирового кинематографа, фильм, ставший классикой мирового кино. «Летят журавли» был показан во многих странах мира и получил многочисленные профессиональные и зрительские награды. В 1958 году на Каннском международном кинофестивале фильму была присуждена главная премия «Золотая пальмовая ветвь» за его высокие художественные достоинства и гуманизм. Специальным призом жюри отметило игру актрисы Татьяны Самойловой. «Летят журавли» – единственный фильм за всю историю советского и российского кино, получивший высшие награды в Каннах.

Своим успехом «Летят журавли» обязан не только сотрудничеству режиссёра и актёров, но и в не меньшей степени талантливейшей операторской работе. Жюри Каннского фестиваля наградило оператора фильма Сергея Урусевского первым призом Высшей технической комиссии Франции. Неожиданными ракурсами, выразительными деталями портретов и пейзажей Урусевский воплотил в жизнь концепцию, впоследствии названную Калатозовым «кинематографом поэтической образности». Психологическая характеристика героев, проникновение в их внутренний мир достигались тщательно продуманной чередой виртуозно снятых образов. Так, в сцене смерти Бориса его состояние, его предсмертные мысли переданы отнюдь не словами, а движением камеры. Раненный, Борис начинает терять сознание, у него кружится голова. Камера в этот момент снимает то, что находится в поле зрения Бориса, – берёзы. Чувство головокружения передаётся образом кружащихся деревьев, белые стройные стволы которых напоминают Веронику в подвенечном платье.

Пьеса «Вечно живые», по которой был поставлен фильм, была написана во время войны. Фильм же был снят только в 1957 году. Такое кажущееся невнимание к пьесе Виктора Розова на самом деле объясняется реакцией киноцензуры сталинского периода. Всё дело в том, что цензоров не удовлетворял конец пьесы, и пьесе пришлось ждать хрущёвской «оттепели». Но даже после того как фильм вышел на экраны, чиновники из Госкино оставались недовольны фильмом. Несмотря на широкое признание и многочисленные награды, которые фильм получил по всему миру, фильм раскритиковали в СССР. По мнению кинокритиков того времени, главный герой фильма должен был остаться в живых. По канонам фильмов о войне, снятых в 40-50-ые годы, «Летят журавли» должен был закончиться триумфальным моментом возвращения Бориса под громкое патриотическое «ура!» соотечественников. Вероника же должна была не только надеяться и ждать возвращения Бориса, но и несмотря ни на что оставаться ему верной. По мнению критиков Госкино, героиня фильма, сыгранная Татьяной Самойловой, – женщина ветреная, не заслуживающая ни сочувствия, ни уважения зрителей. Мнение критиков о Веронике оставалось в силе долгие годы после выхода фильма на экран. И только недавно в одном из своих интервью актриса Татьяна Самойлова «защитила» свою героиню, сказав, что Вероника – обыкновенная девушка, которой пришлось пережить страшные события военного времени, и что не следовало ожидать от неё геройских поступков.

3.22 Начинающий кинокритик

Напишите свою собственную рецензию на фильм. Вы можете поместить её на следующие сайты <www.ozon.ru>, <www.bolero.ru>

3.23 Фильм и пьеса

- Прочитайте два отрывка из пьесы Виктора Розова «Вечно живые».
- Изменилось ли ваше отношение к Марку?
- Что вы думаете об отношении Марка к войне?

(*Марк*)– И вообще, мне опротивела эта война! Кричали – скоро кончится, месяца четыре, полгода! А ей конца-края нет. Я музыкант! Я плевал на эту войну! Чего от меня хотят? Был Бетховен, Бах, Чайковский, Глинка – они творили, не считаясь ни с чёртом, ни с дьяволом! Им всё равно при ком и когда было творить – они творили для искусства. (*Действие 1-ое, картина 3-ья*).

(*Марк*)– Ты стала очень взрослой, Вероника... Я люблю тебя... Если ты крупный человек, а всякий художник должен быть крупным человеком, ты обязана понять меня, понять, что я старался стать выше повседневности, обыденности, шаблона... Когда ты поступишь учиться и с головой уйдёшь в искусство, ты поймёшь, что кроме него ничего нет в мире... И оно требует всего человека целиком, запрещает ему служить любой иной великой цели, так как служить двум великим целям нельзя... Ты поймёшь... (*Действие 2-ое, картина 6-ая*).

3.24 Текст стихотворения

Константин Симонов (1915-1979)
«Жди меня, и я вернусь...»

Жди меня, и я вернусь.
Только очень жди.
Жди, когда наводят грусть
Жёлтые дожди.
Жди, когда снега метут,
Жди, когда жара,
Жди, когда других не ждут,
Позабыв вчера.
Жди, когда из дальних мест
Писем не придёт,
Жди, когда уж надоест
Всем, кто вместе ждёт.

Жди меня, и я вернусь,
Не желай добра
Всем, кто знает наизусть,
Что забыть пора.
Пусть поверят сын и мать
В то, что нет меня,
Пусть друзья устанут ждать,
Сядут у огня,
Выпьют горькое вино
На помин души...
Жди. И с ними заодно
Выпить не спеши.

Жди меня, и я вернусь,
Всем смертям назло.
Кто не ждал меня, тот пусть
Скажет: – Повезло.
Не понять, не ждавшим им,
Как среди огня
Ожиданием своим
Ты спасла меня.
Как я выжил, будем знать
Только мы с тобой,–
Просто ты умела ждать,
Как никто другой.
(1941)

Глава 4

Иван Васильевич меняет профессию

Мосфильм, 1973 г., эксцентрическая комедия, 90 мин., лидер проката (1973 г., 3 место) - 60,7 млн. зрителей

4.1 Несколько слов о фильме

По мотивам пьесы Михаила Булгакова «Иван Васильевич» (1946 г.). Инженер Тимофеев изобрёл машину времени. К его большому удивлению, машина заработала и «перенесла» управдома Ивана Васильевича Буншу и квартирного вора Жоржа Милославского в древний Кремль, а царя Ивана Васильевича Грозного в московскую квартиру инженера Тимофеева. Но вдруг перегорел транзистор, и машина времени сломалась. Что делать царю из XVI-ого века в Москве XX-ого века? И как справятся Бунша и Милославский с управлением страной? (По материалам из Интернета)

4.2   Над фильмом работали

Режиссёр	Леонид Гайдай (1923 - 1993) Режиссёр, сценарист, актёр. Снял двадцать фильмов. Родился в г. Свободный Амурской области. Окончил студию при Иркутском драматическом театре (1947 г.). В 1955 г. окончил режиссёрский факультет ВГИКа (мастерская Г. Александрова). Народный артист РСФСР (1974 г.). Народный артист СССР (1989 г.).
Авторы сценария	Владлен Бахнов, Леонид Гайдай (сценарий написан по пьесе Михаила Булгакова)
Операторы	Сергей Полуянов, Виталий Абрамов
Художник	Евгений Куманьков
Композитор	Александр Зацепин
Текст песен	Леонид Дербенёв

4.3   Действующие лица и исполнители

Царь Иван Васильевич "Грозный" и управдом Иван Васильевич Бунша	Юрий Яковлев
Жорж Милославский (вор)	Леонид Куравлёв
Александр Тимофеев (Шурик)	Александр Демьяненко (1937 - 1999) Актёр театра и кино. Снялся в более семидесяти фильмах. Родился 30. 05. 1937г. в Свердловске. Окончил ГИТИС (1959 г.). Народный артист РСФСР (1991 г.).
Зина (жена Шурика)	Наталья Селезнёва
Ульяна Андреевна Бунша (жена Бунши)	Наталья Крачковская
Антон Семёнович Шпак (зубной врач)	Владимир Этуш
Якин (режиссёр)	Михаил Пуговкин
Подруга Якина	Наталья Кустинская
Феофан (дьяк из посольского приказа)	Савелий Крамаров
Шведский посол	Сергей Филиппов

4.4   Кто есть кто? Звёзды кинематографии

Найдите информацию о следующих известных деятелях кинематографии в Интернете и сделайте сообщение в классе об одном из них. Вы можете проиллюстрировать свой рассказ клипами из других фильмов, над которыми они работали. (*Совет: Информацию о многих деятелях российского кино вы можете найти на сайте <www. mega.km.ru/cinema>. Вы можете также сделать поиск по интересующей вас фамилии в русскоязычном Google <www.google.com/ru/> или в поисковой системе Yandex <www.yandex.ru>)

Юрий Яковлев

Александр Зацепин

Леонид Куравлёв

Наталья Крачковская

Михаил Пуговкин

Савелий Крамаров

4.5   Кто? Где? Когда? 10 вопросов к фильму

1. Чем занимается главный герой фильма?

2. Кто по профессии его жена?

3. Почему управдом Иван Васильевич Бунша и его жена кричат на Шурика?

4. Кто, как и зачем оказывается в квартире зубного врача Шпака?

5. Куда машина времени «переносит» управдома Буншу, вора Жоржа Милославского и царя Ивана Грозного?

6. Как жители древней Москвы встречают современных москвичей?

7. Как Иван Грозный адаптируется в Москве 70-х годов?

8. Что произошло между Зиной и режиссёром Якиным?

9. Как Шурик помогает героям вернуться в их обычную жизнь?

10. Чем заканчивается фильм?

4.6   Что сначала? Что потом?

Расположите предложения в том порядке, в каком произошли события в фильме. Используйте, где уместно, следующие союзы: *потом; когда; после того как; в то время как; в то же время; через какое-то время; через несколько дней / лет; несколько дней спустя.*

• Иван Грозный появляется в квартире изобретателя Тимофеева.

• Милославский обворовывает квартиру Шпака.

• Шпак возвращается домой и видит, что его ограбили.

• Во время обеда Бунша кокетничает с царицей.

• Милиция допрашивает Ивана Грозного.

• Бунша и Милославский принимают шведского посла.

• Тимофееву удаётся опыт.

- Жена управдома Бунши ищет мужа у Шурика.

- Иван Грозный остаётся один в квартире Шурика и Зины.

- Зина заявляет мужу, что она полюбила другого.

- Бунша и Милославский попадают в древнюю Москву.

- Жена Бунши думает, что она тоже сошла с ума.

- Милославский крадёт орден у шведского посла.

- Жена управдома Бунши думает, что у её мужа белая горячка.

- Шурик просыпается и узнаёт, что Зина от него не уходила.

4.7   Кадры из фильма и задания к ним

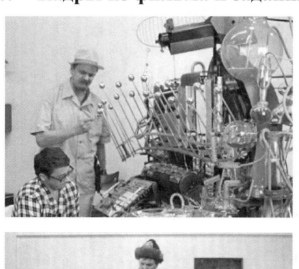 

1. Соедините реплики с кадрами.

   А) Допился до чёртиков, жены не узнаёт. Психиатричку пришлось вызвать.

   Б) А вам от меня лично маленький сувенир.

   В) И опять насчёт вашей подозрительной машины, товарищ Тимофеев. Я вас прошу, заявите, а то мы сами заявим.

   Г) Нам, царям, за вредность труда молоко надо бесплатно давать.

   Д) – Год рождения? – 1533 от Рождества Христова. – Шутим?

   Е) Пощади его, великий государь!

2. Расположите кадры в хронологическом порядке и кратко расскажите, что происходит в каждом кадре.

3. Конкурс вопросов: задайте как можно больше вопросов к каждому кадру.

4. Опишите отношения между Иваном Васильевичем Буншей и его женой; между Милославским и Буншей; между Иваном Грозным и Шуриком.

5. Расскажите о второстепенных героях фильма (Зина, режиссёр Якин, дьяк, Шпак). Дополните описания героев вашими собственными предположениями.

4.8 Сцены. Слова. Вопросы.

Слова, которые помогут вам говорить о фильме:

Вопросы:

Алекса́ндр Тимофе́ев и его́ жена́ Зи́на [0:08:40]:

Изобрета́ть / изобрести́
Изобрета́тель
Рабо́тать + над чем?
Маши́на вре́мени
Актри́са
Изменя́ть / измени́ть + кому? (му́жу, жене́)
Заходи́ть / зайти́ + к кому? за чем?
Уходи́ть / уйти́ + от кого? к кому?
Уезжа́ть / уе́хать + куда?

1. Почему Зина решила уйти от мужа?

2. Как она ему об этом сообщает?

3. Что она берёт с собой?

4. Как прореагировал Тимофеев на решение жены?

5. Кому Тимофеев сообщает об изменении своего семейного положения? Почему?

Гость в кварти́ре зубно́го врача́ Шпа́ка [0:12:30]:

Вор
Отмы́чка
Открыва́ть / откры́ть дверь + чем?
Ворова́ть / обворова́ть
Гра́бить / огра́бить
Звони́ть / позвони́ть + кому?
Притворя́ться / притвори́ться + кем?
Ко́жаный пиджа́к
Магнитофо́н
Портфе́ль
Сейф
«Храни́те де́ньги в сберега́тельной ка́ссе (е́сли, коне́чно, они́ у вас есть)».

6. Кто позвони́л Шпаку? Зачем?
7. Как вор попа́л в квартиру Шпака?
8. Что ему́ понра́вилось в квартире?
9. Почему́ он провёл в квартире Шпака так мно́го вре́мени?
10. С чем он собра́лся уходи́ть?
11. Почему́ вор сказа́л, оказа́вшись в квартире: «Это я уда́чно зашёл!»?

Маши́на вре́мени начала́ де́йствовать [0:17:20]:

Подозрева́ть + кого? в чём?
Интересова́ться / заинтересова́ться + чем?
Увлека́ться / увле́чься + чем?
Исчеза́ть / исче́знуть *(past tense* исче́з)
Ста́вить / поста́вить на ме́сто
Попада́ть / попа́сть + куда?
Пронза́ть / пронзи́ть + что? чем?
Проника́ть / прони́кнуть + куда?
Корми́ть / накорми́ть + кого? чем?
Дета́ль
Выходи́ть / вы́йти на балко́н
Любова́ться + чем?
Лепота́! = Красота́! *(old Russian)*
Карти́на Ре́пина «Ива́н Гро́зный убива́ет своего́ сы́на»
Сади́ться / сесть + на что?
Магнитофо́н

12. Как вор попада́ет в квартиру изобрета́теля?
13. Кого́ он там встреча́ет?
14. Что интересу́ет управдо́ма Бу́ншу бо́льше всего́? Почему́?
15. Почему́ Милосла́вский так заинтересова́лся изобрете́нием Тимофе́ева?
16. О чём Шу́рик расска́зывает свои́м гостя́м?
17. Чего́ тре́бует Бу́нша от Тимофе́ева?
18. Кто вдруг появля́ется в ко́мнате Шу́рика?
19. Как Шу́рик принима́ет царя́ у себя́ до́ма?
20. Куда́ и заче́м ухо́дит Шу́рик?
21. Что де́лает царь, оста́вшись оди́н в квартире Шу́рика?

«Ца́рская» жизнь [0:37:30]:

Дружи́на = (prince's) armed force (*hist.*)
Опри́чник = member of Ivan Grozny's
    police force (*hist.*)
Боле́ть / заболе́ть
Надева́ть / наде́ть
Сади́ться / сесть
Брать / взять в ру́ки
Трон
Ски́петр = sceptre
Булава́ = mace
Дьяк = секрета́рь (*hist.*)
Князь
Толма́ч = перево́дчик (*old Russian*)
Подпи́сывать / подписа́ть
Поста́вить печа́ть
Соверша́ть / соверши́ть
    госуда́рственное преступле́ние
Казни́ть
Забира́ть / забра́ть
Расстра́иваться / расстро́иться

22. Каки́м о́бразом управдо́м Бунша́ ока́зывается на тро́не?
23. Заче́м Милосла́вский заставля́ет Бу́ншу подвяза́ть зу́бы платко́м?
24. Как реаги́руют дьяк Фёдор и опри́чники на появле́ние царя́?
25. Каки́ми госуда́рственными дела́ми занима́ется Бунша́-«царь»?
26. Кака́я иде́я прихо́дит в го́лову Милосла́вскому? Почему́?
27. Почему́ дьяк пуга́ется, когда́ узнаёт и́мя ца́рского секретаря́?

«Репети́ция» в кварти́ре Зи́ны [0:46:35]:

Серди́ться / рассерди́ться + на кого/ что?
Возмуща́ться / возмути́ться + чем?
Жале́ть / пожале́ть + о чём?
Пря́таться / спря́таться + от кого? где?
Репети́ция
Репети́ровать
Принима́ть / приня́ть + кого? за кого?
Переодева́ться / переоде́ться + во что?
«Како́й типа́ж!»
Подска́зывать / подсказа́ть + кому? что?
Жа́ловать = дари́ть + что? кому? (*obsol.*)
Влюбля́ться / влюби́ться + в кого?
«Бори́с Годуно́в»
Гла́вная роль
Подска́зывать / подсказа́ть + что? кому?
Церко́вно-славя́нский язы́к
Обижа́ть / оби́деть + кого?
Благодари́ть / поблагодари́ть + кого? за что?
Шу́ба
Уезжа́ть / уе́хать

28. Почему́ Зи́на возвраща́ется домо́й?
29. Почему́ вслед за ней прихо́дит Я́кин?
30. О чём они́ спо́рят?
31. Где пря́чется Ива́н Гро́зный?
32. Почему́ царь реши́л вы́йти из своего́ укры́тия?
33. Как реаги́рует Я́кин на появле́ние Ива́на Гро́зного?
34. Как Я́кин разгова́ривает с царём?
35. Какова́ реа́кция Зи́ны?
36. Заче́м Шпак захо́дит к Тимофе́евым?
37. Заче́м царь переодева́ется?
38. Почему́ Зи́на и Я́кин па́дают пе́ред Ива́ном Гро́зным на коле́ни?
39. Как зака́нчивается э́та сце́на?

На приёме в Кремле́ [0:57:50]:

Шве́дский посо́л
Коро́ль
Понима́ть / поня́ть
Ке́мская во́лость
Отдава́ть / отда́ть
Проси́ть / попроси́ть
О́рден
Драгоце́нные ка́мни
Дари́ть / подари́ть + что? кому?
Обнима́ть / обня́ть
Теря́ть / потеря́ть
«Приём зако́нчен. Переры́в на обе́д.»
   – сове́тский бюрократи́ческий
язы́к

40. Как дьяк объясняет Бунше
     отсутствие переводчика?

41. Как Бунша отвечает на просьбу
     шведского посла? Почему?

42. Как реагирует Милославский?

43. Что привлекает внимание
     Милославского?

44. Почему Милославский дарит послу
     шариковую ручку?

45. Почему расстроенный дьяк вбегает в
     царскую палату?

46. Почему Милославский прерывает
     приём?

«Оста́вь меня́, стару́шка, я в печа́ли», или «Семе́йный сканда́л» [1:04:08]:

Ба́нка с ки́льками
Любова́ться + чем?
Иска́ть
Находи́ть / найти́
Бе́гать по ле́стнице
Спи́сок
Напива́ться / напи́ться
«Оста́вь меня́, стару́шка, я в печа́ли»
Жа́ловаться / пожа́ловаться +на кого/
   что?
Гра́бить / огра́бить
Сканда́лить
Руга́ть + кого? за что?

47. Где жена Бунши Ульяна Андреевна
     находит, как она думает, своего
     мужа?

48. Что он делает?

49. Почему он пытается спрятаться?

50. Кто ещё разыскивает Буншу? Зачем?

51. Из-за чего начинается скандал?

Звонки́ в больни́цу и в мили́цию [1:05:56]:

Психиатри́ческая больни́ца
Бе́лая горя́чка
Звони́ть / позвони́ть + кому? куда?
Мили́ция
Сходи́ть / сойти́ с ума́
Обеща́ть / пообеща́ть + что? кому?

52. Кто вызвал скорую помощь? Почему?
53. Почему Шпак позвонил в милицию?

«Танцу́ют все!» [1:10:18]:

Очарова́тельная
Коке́тничать + с кем?
Жа́ловаться / пожа́ловаться + на кого/ что?
Петь / спеть
Ма́ссовая пе́сня
Игра́ть
Гу́сли = музыка́льный инструме́нт
Гусля́р
Балала́йка = музыка́льный инструме́нт
Подбира́ть / подобра́ть моти́в пе́сни
Напева́ть / напе́ть
Пляса́ть = танцева́ть
Музыка́нт
Совреме́нная му́зыка

54. Какое впечатление на Буншу произвела царица?
55. О чём Бунша разговаривает с царицей?
56. Какую музыку играет царский оркестр?
57. На чём играют музыканты?
58. Почему Бунше не нравится то, что они играют?
59. Как Милославский помогает Бунше?

Бунт [1:14:47]:

Патриа́рх
Бунтова́ть
Взбунтова́ться
Во́йско (pl. войска́)
Чини́ть / почини́ть
Врыва́ться / ворва́ться + куда?
Сумасше́дший дом
Арестова́ть
Пря́таться / спря́таться + где? от кого?
Крути́ть / скрути́ть ру́ки + кому?
Опознава́ть / опозна́ть + кого?
Надева́ть / наде́ть + что? на кого?
Бе́лая горя́чка
Смири́тельная руба́шка

60. Почему танцы прекратились ?
61. Почему Бунше и Милославскому приходится бежать из дворца?
62. Как защищаются Бунша и Милославский?
63. Когда срабатывает машина времени?
64. Кто успевает вернуться, а кто нет? Почему?
65. Кто говорит: «Сесть я всегда успею»? Почему?
66. О чём спрашивают милиционеры у жены Бунши?
67. Куда увозят жену Бунши и почему?
68. Каким образом Иван Грозный возвращается в Кремль?

Сон? Явь? *[1:25:18]***:**

Просыпа́ться / просну́ться

Броса́ть / бро́сить

Волнова́ться + о ком/чём?

Заду́маться

Се́тка с проду́ктами

Чёрная ко́шка

Расспра́шивать / расспроси́ть + кого?
   о чём?

Серди́ться / рассерди́ться + на кого/
   что?

Ра́доваться / обра́доваться + кому/
   чему?

Целова́ться / поцелова́ться

Поцелу́й

69. О чём вспоминает Шурик, когда он просыпается?

70. Что случилось с машиной времени?

71. Как выглядит Зина?

72. Как она себя ведёт?

73. Какие вопросы задаёт ей Шурик?

74. Что его больше всего интересует?

75. Чем заканчивается фильм?

4.9   Расскажите об эпизоде

Выберите один или два эпизода из фильма (задание 4.8) и подробно расскажите о них, используя лексику эпизодов и подходящие по смыслу союзы: *сначала; после этого; потом; перед тем как; после того как; в то же время; в то время как; пока; когда; в это время; а; но.*

4.10   Реплики из фильма

Кто, кому и когда это говорит?

1. Это я удачно зашёл!

2. Всё, что нажил непосильным трудом, всё украли. Три магнитофона, три видеокамеры, замшевую куртку… тоже три.

3. Проходите, пожалуйста, к нашему столику.

4. Оставь меня, старушка, я в печали!

5. Храните деньги в сберегательной кассе!

6. Сесть я всегда успею.

7. Как? Вы действительно репетируете?

8. И тебя вылечат. И тебя тоже вылечат. И меня вылечат.

9. Я требую продолжения банкета.

10. Как с любовником?! И вы спокойно об этом говорите?! Оригинальный вы человек!

4.11 Головоломка

Используя по одному слогу из каждой колонки, найдите здесь слова из списка в 4.8. Начало каждого слова дано в первой колонке.

ПО	ДА	ЦА
ИЗ	ДИТЬ	СЯ
ЦА	СНУТЬ	РЯТЬ
ВЛЮ	ТЕ	СЯ
О	ТАТЬ	БИТЬ
О	МЕ	ЛУЙ
СЕР	ЦЕ	СЯ
ПО	БИТЬ	РИТЬ
ПО	БИ	СЯ
ПРЯ	ГРА	ЖАТЬ
ПРО	РИ	НЯТЬ

4.12 Кроссворд

Слово по вертикали:

Профессия Ивана Васильевича Бунши —_____.

Слова по горизонтали:

- Жена Бунши считает, что её муж _____(1)_____.

- С помощью машины времени можно _____(2)_____ во времени.

- По профессии Шурик – _____(3)_____.

- Профессия Зины – _____(4)_____.

- Жорж Милославский пришёл к Шпаку, чтобы _____(5)_____ его.

- С помощью машины времени Милославский и Шпак попали в царский _____(6)_____.

- В конце фильма Шурик понял, что ему приснился _____(7)_____.

- Шурик был рад узнать, что Зина ему не _____(8)_____.

4.13 Сцены из фильма

Напишите о сцене, которая ...

   а)   больше всего вам понравилась;

   б)   кажется вам самой смешной;

   в)   по вашему мнению, является кульминационной сценой фильма;

   г)   кажется вам наименее важной, потому что она ничего не добавляет к развитию сюжета.

Эти слова помогут вам выразить ваше мнение. Расширенный список подобных слов и выражений вы найдёте на странице 183.

В конце концов	Одним словом
В отличие от	По мнению (кого?)
Вместо того, чтобы	По следующим причинам
Во-первых, ... Во-вторых,... В-третьих,...	По сравнению с тем, что
Дело в том, что	Поскольку
Для того, чтобы	После того, как
Если	После этого
Если бы	Потому (,) что

Значит	Поэтому
Из-за того, что...	Прежде всего
К сожалению	При условии, что
Кажется	С одной стороны...., с другой стороны...
Когда	С точки зрения (кого?)
Кроме того, что	Судя по тому, что
Например	Так как
Несмотря на то, что	Таким образом
Но	Тем не менее
Однако	Хотя

4.14 Сценаристы и актёры

Напишите и разыграйте в классе сцену, которой нет в фильме. Например, управдом Бунша влюбляется в царицу и хочет остаться в древней Москве. В это время Шурик возвращает настоящего Ивана Грозного в Кремль. В сцене участвуют Бунша, Иван Грозный, царица, дьяк Феофан, жена Бунши и Шурик.

4.15 Напишите

1. Если бы вы изобрели машину времени, как бы вы использовали своё изобретение?

2. Какие аспекты советской жизни вызывают насмешку авторов фильма?

3. Как авторы фильма создают комический эффект? Как язык способствует усилению этого эффекта? (Например, сравните язык Бунши и Милославского с языком жителей древней Москвы; язык Ивана Грозного с языком современных нам москвичей.)

4. Посмотрите фильм Сергея Эйзенштейна «Иван Грозный» (1945). Сравните Ивана Грозного в фильме Эйзенштейна с Иваном Грозным в фильме Гайдая.

4.16 Перевод

- Прочитайте разговор между Шуриком, Буншей и Милославским.
- Перепишите его в косвенной речи.
- Переведите на идиоматичный английский.

(*Шурик Бунше*)- А сейчас мы испытаем мою машину времени в действии. Вы присутствуете при историческом событии. Попробуем сначала на близком расстоянии. Смотрите, сейчас мы пойдём через пространство.

(*Стена расплывается. В квартире Шпака сидит Милославский.*)

(*Шурик*)- Вы видели?

(*Милославский*)- Что такое? В чём дело?

(*Бунша*)- Александр Сергеевич, куда стенка девалась? Товарищ Тимофеев, за стенку ответите по закону.

(*Шурик*)- Да ну вас к чёрту с вашей стенкой! Ничего ей не сделалось.

(*Милославский*)- Видел чудеса техники, но такого...

(*Бунша Милославскому*)- Простите, а вы кто такой?

(*Милославский*)- Я – друг Антона Семёновича Шпака.

(*Бунша*)- А что вы делаете в его квартире?

(*Милославский*)- Дожидаюсь моего друга. А вы что думали?

(*Бунша*)- А как же вы попали в его квартиру, если он на работе?

(*Милославский*)- Да ну вас к чёрту, что за пошлые вопросы!

(*Шурик Милославскому*)- Не обращайте внимания. Понимаете, я пронзил время! Я добился своего!

(*Милославский*)- Скажите, это стало быть, любую стенку можно так убрать? Вашему изобретению цены нет. Поздравляю вас.

(*Шурик*)- Благодарю.

(*Милославский Бунше*)- А что вы так на меня смотрите, отец родной? На мне узоров нету, и цветы не растут.

[…]

(*Шурик Милославскому*)- Может вы хотите вернуться в комнату Шпака? Я открою вам стену.

(*Милославский*)- Нет, нет, я лучше посмотрю на вашу машину. Она мне очень понравилась.

(*Шурик*)- Я очень рад. Вы первый, кто увидел. Вы, так сказать, первый свидетель.

(*Милославский*)- Никогда ещё свидетелем не приходилось быть.

(*Шурик*)- Представляете, что вы видели?

(*Милославский*)- А в магазине так же можно стенку приподнять? Какое полезное изобретение!

(*Бунша Милославскому*)- А вы с магнитофоном к Шпаку пришли?

(*Шурик*)- Стенка тут ни при чём. Дело в том, что я могу пронзить пространство, проникнуть во время. Я могу двинуться на 200, на 300 лет назад. Я не могу терпеть. Мы сейчас же проникнем в прошлое. Увидим древнюю Москву.

4.17 Перевод

Переведите разговор между Зиной и Шуриком на русский. Сравните с разговором в фильме.

(*Zina to herself*)- I can only imagine what's going to happen now. I hope he's not going to make a scene. I've been divorced three times, but I've never been so nervous. Oh well, here I go.

(*Zina enters the room.*)

(*Zina*)- Shurik, your machine will destroy you. You shouldn't…

(*Shurik*)- Zinochka, my machine will make me famous. And [it will make famous] you, too. *(Starts working on the machine.)*

(*Zina*)- I am sorry to bother you, but I have terrible news to tell you *(Shurik looks at her.)* Today at the café somebody stole my gloves... And I'm in love with another man. Do you understand me, Shurik?

(*Shurik fixing something in the machine.*)- So … gloves … What is it about your gloves?

(*Zina*)- It's not about gloves. I've fallen in love with somebody else. Please, don't say anything, there's no need to make a scene. *(Shurik is silent.)* Are you asking me who he is? And, of course, you think it's Molchanovskij. Guess again. Zuberman? Guess again. Well, let's stop playing hide-and-seek. It's the director Yakin.

(*Shurik*)- Well, well, well…

(*Zina*)- It is rather strange. He's being told that his wife is leaving him and he can only say "Well, well." It's not polite.

(*Zhurik*)- Is he… what's his name, a tall fair-haired man?

(*Zina*)- This is outrageous! To be so uninterested in your wife's life! The fair-haired man is Molchanovskij. Please try to remember that. Yakin… Yakin is talented. What?! You're asking where we're going to live? Today, we're going to Gagry, to choose a location for his new film. And after that, he should be given an apartment. If he's not lying about it, of course.

(*Shurik*)- Most likely, he's lying.

(*Zina*)- How boring it is to hear you insulting a person out of jealousy! He can't lie every minute of his life, can he?

4.18 Перевод

Переведите текст на идиоматичный русский.

"Ivan Vasil'evich Changes his Profession" is so silly that its Russian creators made up a new genre to describe it: "eccentric comedy." Can it be that Leonid Gaidai, the director, was influenced by "Monty Python's Flying Circus"? In this faithful adaptation of Mikhail Bulgakov's play, "Ivan Vasil'evich," Gaidai mixes Russian history, the mistaken identity plot, an absent-minded inventor, unpleasant neighbors and a clever thief to create a truly unique film.

Shurik has invented a time machine. But he is unhappy because his wife, an actress, has decided to leave him for a film director. Meanwhile, a thief has been breaking into apartments in Shurik's building. When the time machine works, by accident Shurik's neighbor, Ivan Vasil'evich, and the thief, Zhorzh Miloslavsky, trade places with Ivan the Terrible.

Ivan Vasil'evich looks enough like the great tsar to fool his subjects. With Zhorzh's help, he begins to enjoy his reign. Their trip to the past culminates in a feast with music and dancing. In the meantime, Ivan the Terrible has also begun to enjoy himself. After drinking vodka with Shurik, he discovers various modern delights, for example, flush toilets (scary) and the music of Vladimir Vysotsky (great!). Soon, however, all three time travelers run into trouble. But the inventor fixes his time machine, and everyone is returned to his proper time and place before total catastrophe occurs.

Back in Shurik's apartment, the inventor wakes up with a bump on his head. His wife arrives home after her rehearsal. It turns out that she has not even thought of leaving Shurik. Suddenly Shurik realizes that everything that had happened was a dream. Or was it?

4.19 Рекламный ролик

- Напишите сценарий и разыграйте рекламный ролик к фильму (5-7 минут). Ваша задача привлечь зрителя в кино.
- Снимите этот ролик на видео и покажите его в классе.

4.20 Симпозиум

- Напишите ответ на вопрос «Почему людей так увлекает идея машины времени?».
- Подготовьтесь к обсуждению в классе.

4.21 О фильме

Прочитайте и проанализируйте рецензию.

- Почему жанр фантастики был популярен в советское время?
- Какие трудности пришлось преодолеть создателям фильма при написании сценария и постановке фильма?

Можно без преувеличения сказать, что до 1950-х советской фантастики как таковой не существовало. В том смысле, в каком мы понимаем этот жанр сегодня, фантастика в СССР появилась в пост-сталинский период. Для советских авторов-фантастов жанр фантастики стал не просто возможностью популяризирования научно-технических достижений и попыткой заглянуть в далёкое будущее. Фантастика предоставляла широкие возможности для социального комментария и критического взгляда на настоящее. Действие происходило в далёких, иногда не сразу узнаваемых странах, имена героев часто были (ино)странными, и проблемы, обсуждаемые героями, казалось, не имели явного отношения к советской действительности. Тем не менее, читатель, наученный читать «между строк», без труда мог соотнести реальность описываемую с реальностью его окружающей. Популярность советской фантастики ещё более возросла, когда среди фантастов появились писатели с серьёзным литературным талантом – братья Стругацкие, Парнов, Варшавский.

Судя по воспоминаниям автора сценария фильма «Иван Васильевич меняет профессию», писателя-фантаста Владлена Бахнова, его сценарий, написанный по мотивам пьесы Михаила Булгакова «Иван Васильевич», вызвал неудовольствие цензоров уже на раннем этапе создания фильма. Остросюжетное действие, часто и быстро меняющиеся во времени и месте действия сцены сопровождались столь же быстрыми и остроумными репликами героев фильма, некоторые из которых авторам фильма пришлось отстаивать перед цензурой. Так, например, в сцене ареста царя Ивана Грозного, цензоров ужасно испугал ответ царя. На вопрос милиционера «Где живёте?» царь должен был ответить «Москва. Кремль». Малейшая возможность намёка на советского генсека приводила цензоров в ужас, и от реплики пришлось отказаться. Ещё более рискованной оказалась реплика Жоржа Милославского в сцене царского обеда в Кремле. На вопрос Бунши-Грозного «За чей счёт этот банкет? Кто оплачивать будет?» Милославский должен был ответить «Народ, батюшка, народ». Реплику, столь явно намекающую на советскую действительность, невозможно было отстоять, и, в результате, она была вычеркнута из текста сценария. Более того, в процессе съёмок фильм дважды пытались закрыть по «идеологическим причинам».

Авторов фильма обвинили в том, что они «насмехались» над «великой *исторической личностью*». Чиновники в цензурном отделе Госкино долго не доверяли уверениям Гайдая и Бахнова в том, что насмехается фильм не над царём, а над его случайным двойником, управдомом Буншей.

4.22 Начинающий кинокритик

Напишите свою собственную рецензию на фильм. Вы можете поместить её на следующие сайты <www.ozon.ru>, <www.bolero.ru>

4.23 Фильм и пьеса.

- Прочитайте отрывок из финала пьесы Михаила Булгакова «Иван Васильевич» (1946).
- Сравните финал пьесы с финалом фильма.

(В передней появляются милиция и Шпак.)

(Шпак) - Вот они, товарищи начальники, гляньте!

(Милиция) - Эге!.. *(Бунше.)* Вы - царь? Ваше удостоверение личности, гражданин.

(Бунша) - Каюсь, был царём, но под влиянием гнусного опыта инженера Тимофеева.

(Милославский) - Что вы его слушаете, товарищи! Мы с маскарада, из Парка Культуры и Отдыха мы.

(Бунша снимает царское облачение. Милославский снимает боярское облачение. На груди Милославского - медальон и панагия.)

(Бунша) - Оправдались мои подозрения! Он патриарха обокрал и шведского посла!

(Шпак) - Держите его! Мой костюм!

(Милиция) - Что же вы, гражданин, милицию путаете? Они воры?

(Шпак) - Воры, воры! Они же крадут, они же царями притворяются!

(Появляется Ульяна Андреевна.)

(Ульяна) - Вот он где! Что это, замели тебя? Дождался, пьяница!

(Бунша) - Ульяна Андреевна! Чистосердечно признаюсь, что я царствовал, но вам не изменил, дорогая Ульяна Андреевна! Царицей соблазняли, дьяк свидетель!

(Ульяна) - Какой дьяк? Что ты порешь, алкоголик? Какой он царь, товарищи начальники! Он - управдом!

(Тимофеев) - Молчите все! Молчите все! Мой аппарат, моя машина погибла! А вы об этих пустяках... Да, это я, я сделал опыт, но нужно же такое несчастье на каждом шагу... явился этот болван управдом и ключ утащил с собой! И вот нет моего аппарата! А вы об этой ерунде!

(Милиция) - Вы кончили, гражданин?

(Тимофеев) - Кончил.

(Милиция Милославскому) - Ваше удостоверение?

(Милославский) - Ну, чего удостоверение? Что же удостоверение? Милославский я, Жорж.

(Милиция радостно) - А! Так вы в Москве, стало быть?

(Милославский) - Не скрою. Прибыл раньше времени.

(Милиция) - Ну-с, пожалуйте все в отделение.

(*Бунша*) - С восторгом предаюсь в руки родной милиции, надеюсь на неё и уповаю.

(*Милославский*) - Эх, Коля, академик! Не плачь! Видно, уж такая судьба! А насчет панагии, товарищи, вы не верьте, это мне патриарх подарил.

(*Милиция выводит всех из квартиры. Входит Зинаида.*)

(*Зинаида Коле*) - Ты так и не ложился? Колька, ты с ума сойдёшь, я тебе говорю. Я тебе сейчас дам чаю, и ложись... Нельзя так работать.

(*Тимофеев*) - Зина, я хотел тебя спросить... видишь ли, я признаю свою вину... я действительно так заработался, что обращал мало внимания на тебя в последнее время... Ты где сейчас была?

(*Зинаида*) - На репетиции.

(*Тимофеев*) - Скажи мне, только правду. Ты любишь Якина?

(*Зинаида*) - Какого Якина?

(*Тимофеев*) - Не притворяйся. Очень талантлив... ему действительно дадут квартиру? Ну, словом, он ваш кинорежиссёр.

(*Зинаида*) - Никакого Якина-режиссёра нету у нас.

(*Тимофеев*) - Правда?

(*Зинаида*) - Правда.

(*Тимофеев*) - А Молчановского нету?

(*Зинаида*) - И Молчановского нету.

(*Тимофеев*) - Ура! Это я пошутил.

(*Зинаида*) -Я тебе говорю, ты с ума сойдёшь! (*Стук в дверь.*) Да, да!

(*Вбегает Шпак.*)

(*Тимофеев*) - Антон Семёнович, мне сейчас приснилось, что вас обокрали.

(*Шпак*) Что приснилось? (*Заливаясь слезами.*) Меня действительно обокрали!

(*Тимофеев*) - Как?

(*Шпак*) - Начисто. Пока был на службе. Патефон, портсигар, костюм! Батюшки! И телефонный аппарат срезали!.. Зинаида Михайловна, позвольте позвонить. Батюшки! (*Бросается к телефону.*) Милиция! Где наш управдом?

(*Зинаида*) (*Распахнув окно, кричит.*) Ульяна Андреевна! Где Иван Васильевич? Шпака обокрали!

(*Занавес*)

Глава 5

Ирония судьбы, или
С лёгким паром!

Мосфильм, 1976 г., комедия, 2 серии, 155 мин., прокат (1976 г.) - 7 млн. зрителей

Награды: Лучший фильм 1976 года. Эльдар Рязанов – Лауреат Государственной премии СССР за создание фильма «Ирония судьбы» (1977 г.). Андрей Мягков – Лауреат Государственной премии СССР за участие в фильме «Ирония судьбы» (1977 г.). Микаэл Таривердиев – Лауреат Государственной премии СССР за музыку к песням из фильма «Ирония судьбы» (1977 г.).

5.1   Несколько слов о фильме

Необычайно популярная среди россиян комедия Эльдара Рязанова о том, как под
Новый год четверо друзей отправились в баню, чтобы, по традиции, смыть с себя всё
плохое и встретить Новый год чистыми. В результате этой встречи один из друзей по
ошибке попал в Ленинград. В чужом городе он сел в такси, назвал свой адрес, открыл
чужую квартиру своим ключом... (По материалам из Интернета)

5.2   Над фильмом работали

Режиссёр	Эльдар Рязанов Режиссёр, сценарист, актёр, поэт, автор текстов песен. Родился 18.11.1927 г. в Куйбышеве. Окончил режиссёрский факультет ВГИКа (1950 г.). После окончания института работал на студии документальных фильмов. Автор повестей, рассказов, ведущий телепрограмм. Лауреат Государственной премии СССР (1977 г.). Награждён призом за вклад в развитие советской кинокомедии на ВКФ (Всесоюзный Кинофестиваль) в Ленинграде (1983 г.). Получил звание Народного артиста СССР (1984 г.). Был удостоен премии «НИКА» в номинации «Лучший игровой фильм» за 1991 г. Снял более двадцати фильмов.
Авторы сценария	Эмиль Брагинский, Эльдар Рязанов
Оператор	Владимир Нахабцев
Художник	Александр Борисов
Композитор	Микаэл Таривердиев

5.3   Действующие лица и исполнители

Действующие лица:	Исполнители:
Евгений Лукашин (Женя)	Андрей Мягков
	Актёр. Снялся в более тридцати фильмах. Родился 08. 07. 1938 г. в Ленинграде. Окончил Школу-студию при МХАТе (Московский Художественный Академический Театр) в 1965 г. Поступил в театр «Современник». В 1977 г. перешёл во МХАТ. В 1989 г. на Малой сцене МХАТа поставил спектакль «Спокойной ночи, мама». В 2002 г. поставил спектакль «Ретро». Лучший актёр 1976 г. по опросу журнала "Советский экран". Лауреат Государственной премии СССР 1977 г. (за участие в фильме «Ирония судьбы»). Народный артист РСФСР (1986 г.).
Надежда Шевелёва (Надя)	Барбара Брыльска
Ипполит (жених Нади)	Юрий Яковлев
Павел, Михаил, Александр (друзья Жени)	Александр Ширвиндт, Георгий Бурков, Александр Белявский
Таня и Валя (подруги Нади)	Лия Ахеджакова, Валентина Талызина
Галя (невеста Жени)	Ольга Науменко
Мария Дмитриевна (мать Жени)	Любовь Добржанская
Мать Нади	Любовь Соколова

5.4   Кто есть кто? Звёзды кинематографии

Найдите информацию о следующих известных деятелях кинематографии в Интернете и сделайте сообщение в классе об одном из них. Вы можете проиллюстрировать свой рассказ клипами из других фильмов, над которыми они работали. (*Совет: Информацию о многих деятелях российского кино вы можете найти на сайте <www.mega.km.ru/cinema>. Вы можете также сделать поиск по интересующей вас фамилии в русскоязычном Google <www.google.com/ru/> или в поисковой системе Yandex <www.yandex.ru>)

Эмиль Брагинский
Микаэл Таривердиев
Юрий Яковлев
Лия Ахеджакова

5.5   Кто? Где? Когда? 10 вопросов к фильму

1. Когда и где происходит действие фильма?
2. Кто главные герои фильма? Сколько им лет? Где они живут?
3. Чем они занимаются?
4. Как Женя оказался в Ленинграде?
5. Как Надя пытается доказать Жене, что он не у себя дома?
6. Как Надя относится к Жене в начале фильма?
7. Когда и почему Надя меняет своё отношение к Жене?
8. Почему Галя была шокирована, когда она узнала, что Женя улетел в Ленинград?
9. Как ведёт себя в этой ситуации Ипполит?
10. Чем заканчивается фильм?

5.6   Что сначала? Что потом?

Расположите предложения в том порядке, в каком произошли события в фильме. Используйте, где уместно, следующие союзы: *потом; когда; после того как; в то время как; в то же время; через какое-то время; через несколько дней / лет; несколько дней спустя.*

- Накануне Нового года Женя и Галя наряжают ёлку у Жени дома.
- Надя позволяет Жене остаться, чтобы он мог позвонить своей невесте.
- Надя едет на вокзал, чтобы купить Жене билет на поезд в Москву.
- Друзья по ошибке отправляют пьяного Женю в Ленинград.
- Надя приезжает к Жене в Москву.
- В аэропорту в Ленинграде Женя садится в такси и называет свой домашний адрес.
- Надя приходит домой и находит у себя в постели незнакомого мужчину.
- Неожиданно приходят подруги Нади.
- Женя и Надя встречают Новый год вдвоём.
- Надя признаётся подругам в том, что Женя-не Ипполит, а посторонний мужчина.
- Ипполит находит у Нади пьяного незнакомца и устраивает ей сцену ревности.
- Мать Нади возвращается домой и принимает Женю за вора.
- Ипполит приходит к Наде пьяным и принимает душ в пальто.
- Рано утром Женя улетает домой.
- Надя называет Женю Ипполитом перед своими подругами.
- Женя идёт с друзьями в баню и напивается.
- После долгих колебаний Женя делает Гале предложение.

5.7   Кадры из фильма и задания к ним

1. Соедините реплики с кадрами.

А)   Не мелочись, Наденька!

Б)   Так, он у тебя в постели, но он не знает, как тебя зовут.

В)   Нет, ребята. Давайте без дураков. За самого застенчивого человека, который, наконец, преодолел в себе это качество и женился последним.

Г)   Ну, что ж, ты мне приготовила отличный подарок. Спасибо!

Д)   Вот он. Во всей красе.

Е)   А как ты считаешь, когда люди поют?

2. Расположите кадры в хронологическом порядке и кратко расскажите, что происходит в каждом кадре.

3. Конкурс вопросов: задайте как можно больше вопросов к каждому кадру.

4. Опишите отношения между Надей и Ипполитом; между Женей и Галей; между Женей и Ипполитом.

5. Расскажите о второстепенных героях фильма (подруги Нади, друзья Жени, матери Жени и Нади). Дополните описания героев вашими собственными предположениями.

5.8   Сцены. Слова. Вопросы.

Слова, которые помогут вам говорить о фильме:

Вопросы:

Первая серия.
Мультфильм 1 (00:24):

Архитектор
Придумывать / придумать
План дома
Чиновники, бюрократы
Разрешать / разрешить + что? кому?
Ходить от одного начальника к
    другому
Добиваться / добиться разрешения +
    на что?
Убирать / убрать
Детали
Обезличивать / обезличить
Безликий
Строить / построить
Строитель
Одинаковые
Похожие (друг на друга)
Советская архитектура

1. Расскажите о том, что происходит в мультфильме.

Голос рассказчика за кадром 1 (05:20):

Дере́вня (дере́вни)
Смета́ть / смести́ с лица́ земли́
Новостро́йки
Чу́вствовать / почу́вствовать себя́ +
   каки́м?
Одино́кий
Поте́рянный
Чужо́й (Вокру́г всё чужо́е)
Ино́й = друго́й; чужо́й
Чу́вствовать себя́ (+ где?) как до́ма
Типово́й
Отлича́ться + от чего? (друг от дру́га)
(Не) отлича́ться разнообра́зием
Станда́ртный

2. Как строи́лась Москва?

3. Как раньше чувствовал себя человек в незнакомом городе? А как сейчас? Почему?

4. Опишите то, что вы видите на экране.

Же́ня и Га́ля у Же́ни до́ма 2 (07:25):

Наряжа́ть / наряди́ть ёлку
Встреча́ть Но́вый год + где? у кого? с
   кем?
Вме́сте
Пойти́ + к кому?
Гото́вить / пригото́вить еду́
Накры́ть на стол
Мирова́я = отли́чная (*colloq.*)
Вы́пить
Расхрабри́ться
Хвата́ть (Не хва́тит сме́лости)
Тру́сость
Ста́рый холостя́к
Де́лать / сде́лать предложе́ние + кому?
Соглаша́ться / согласи́ться
Мелька́ть (+ у кого?) пе́ред глаза́ми
(Не) выде́рживать / вы́держать + чего?
Бежа́ть / сбежа́ть + от кого? куда?

5. Где и как хочет встречать Новый год Галя?

6. Куда Женя и Галя должны пойти встречать Новый год?

7. Женя собирается сделать предложение Гале?

8. Женя когда-нибудь был женат? Что произошло?

Па́вел и Мари́я Дми́триевна 3(14:58):

Поздравля́ть / поздра́вить + кого? с
   чем?
С наступа́ющим!
С новосе́льем!
(Не) пуска́ть / пусти́ть + кого? куда?
Говори́ть / сказа́ть пра́вду
Врать / совра́ть
Ба́ня, в ба́не
Та́йна
Иди́ в ба́ню! = Get lost!

9.   Зачем Павел пришёл к Жене?
10. Как мать Жени реагирует на его
     приход? Почему?
11. Почему Павел не может прийти
     завтра?

Же́ня и Мари́я Дми́триевна на ку́хне 4 (19:02):

Быть (+ от кого?) в восто́рге
Глу́пая
Воспи́танная
Выбира́ть / вы́брать

12. Что Мария Дмитриевна думает о
     Гале?
13. Почему Мария Дмитриевна хочет,
     чтобы Женя женился?

В ба́не 5 (21:30):

Жела́ть / пожела́ть + что? кому?
Пожела́ние + с чем?
С лёгким па́ром!
Отмеча́ть / отме́тить (пра́здник, день
   рожде́ния, и т.д.)
Пить / вы́пить + за кого/что?
Поликли́ника
Врач
Хиру́рг
Вы́вих + чего?

14. За что пьют друзья Жени?
15. Где и кем работает Женя?
16. Как Женя познакомился с Галей?

В аэропорту́ в Москве́ 5 (28:10):

Пьяне́ть / опьяне́ть (бы́стро)
Напива́ться / напи́ться
Самолёт
Лете́ть / полете́ть + куда?
Жени́ться + на ком?
Сва́дьба
Неве́ста
Приезжа́ть / прие́хать (+ куда?) в
   командиро́вку
Приходи́ть / прийти́ на приём в
   поликли́нику
Сажа́ть / посади́ть (+ кого?) в самолёт

17. Друзья помнят, кто летит в
     Ленинград?
18. По логике Миши, почему именно
     Женя летит в Ленинград?
19. По словам Миши, как Женя и Галя
     познакомились?
20. Как друзья «помогли» Жене?

В аэропорту́ в Ленингра́де 6 (31:36):

Пить на́до ме́ньше!

Же́ня «у себя́» до́ма 6 (34:55):

Дома́шний а́дрес

Совпада́ть / совпа́сть

Подходи́ть / подойти́ (Ключ подошёл)

Раздева́ться / разде́ться

Ложи́ться / лечь спать

Снима́ть / снять пальто́

Зажига́ть / заже́чь свет

Пря́тать / спря́тать пода́рок

Трясти́ / потрясти́ кого?

Бить / поби́ть

Облива́ть / обли́ть + кого? чем?

Переставля́ть / переста́вить ме́бель

Я здесь пропи́сан/а (Пропи́ска в па́спорте)

Прихо́д Ипполи́та 9 (50:53):

Гото́вить / пригото́вить пода́рок + кому?

Посторо́нний мужчи́на

Совпаде́ние

Толка́ть / толкну́ть + кого?

Оста́вь меня́ в поко́е! = Leave me alone!

По́ртить / испо́ртить (+ кому?) Нового́дний ве́чер

Опра́вдываться / оправда́ться + в чём? перед кем?

Серди́ться / рассерди́ться + на кого? за что?

Повыша́ть / повы́сить го́лос + на кого?

Ве́рить / пове́рить + кому?

21. Ско́лько времени осталось до Нового года?

22. Женя знает, где он находится?

23. Что делает Женя, когда он приходит «домой»?

24. Что делает Надя, когда она приходит домой?

25. Когда Надя замечает спящего Женю?

26. Как она его пытается разбудить?

27. Когда Женя начинает понимать, что он в чужой квартире?

28. Что делает Надя, чтобы доказать Жене, что он в Ленинграде?

29. Почему Женя говорит «Хоть бы я улетел в какой-нибудь другой город»?

30. Как реагирует Ипполит на «подарок» Нади?

31. Ипполит верит рассказу Нади и Жени?

32. Как ведут себя в этой сцене Надя, Ипполит и Женя?

33. Каким тоном Ипполит разговаривает с Женей?

Надя и Ипполит 11 *(59:18)*:

Ревновать / приревновать + кого? к
   кому?
Ревнивый
Любить / полюбить + кого?
Сердиться / рассердиться + на кого?
   (Я не сержусь)
Безалаберная
Непутёвая
Обнаружить= найти + кого/что?
Французские духи
Электробритва
Прыгать на месте (от холода)
Замерзать / замёрзнуть
Поставить вопрос ребром = To ask a
   question point-blank.
Покончить с холостым положением
Билет
Занимать / занять деньги + у кого? на
   что?
У меня нет ни копейки

Надя и Женя 13 *(1:12:39)*:

Ненавидеть + кого?
Ломать / сломать жизнь + кому?
Ждать + кого?
(Не) иметь понятия + о чём?
Волноваться + о ком/чём?
Звонить / позвонить + кому? куда?
Вылетать / вылететь первым рейсом
Объяснять /объяснить + что? кому?
Мне не о чем с тобой разговаривать.
Бросать / бросить трубку
Выдавать / выдать + кого? за кого?
Проходимец
Отказываться / отказаться + от чего?

34. Почему Ипполит так рассердился на
    Надю и Женю?

35. Что Ипполит думает о Наде?

36. Что Ипполит дарит Наде? А она
    ему?

37. Что в это время делает Женя?

38. Что предлагает Ипполит Наде, когда
    они сидят за столом? Как она к
    этому относится?

39. Зачем Женя возвращается в квартиру
    Нади?

40. Почему Ипполит уходит?

41. Что Надя сейчас думает о Жене?

42. О чём Женя сейчас думает? Что он
    собирается делать?

43. Как Галя реагирует на звонок Жени?
    Что она собирается делать?

44. Как Надя реагирует на то, что Галя
    бросила трубку?

45. Как Надя представляет Женю своим
    подругам? Почему?

46. Как Женя на это реагирует?

Вторая серия.
Надя, Женя, Ипполи́т 1(00:15):

Извиня́ться / извини́ться + пе́ред кем? за что?

Горячи́ться / погорячи́ться

Вызыва́ть / вы́звать такси́

Идти́ пешко́м

Доверя́ть / дове́рить + кому? что?

Дра́ться / подра́ться + с кем?

Выгоня́ть / вы́гнать (+ кого?) из кварти́ры

Кривля́ться

47. Как Ипполит себя ведёт, когда Надя открывает дверь?

48. Как Ипполит себя ведёт, когда видит, что Женя до сих пор не ушёл?

49. Почему Надя выгоняет и Женю и Ипполита из квартиры?

50. Кому и зачем звонит Надя?

Же́ня и Ипполи́т на у́лице 2 (06:13):

Идти́ / пойти́ в ра́зные сто́роны

Возвраща́ться / верну́ться

Иска́тель приключе́ний

Ве́рить + во что?

Ра́зум

Поры́в

Чу́вство

Прав

Спосо́бен + на что?

Безу́мство

(+Кому?) не по плечу́ = beyond one's power

Вспомина́ть / вспо́мнить + что? о чём?

Забыва́ть / забы́ть + что? где?

Портфе́ль

51. Что делают Ипполит и Женя на улице? Почему они оба возвращаются к дому Нади? На что они оба надеются?

52. Почему Ипполит называет Женю «искателем приключений»? Что главное, по словам Ипполита, для таких людей, как Женя?

53. Что Женя думает о таких людях, как Ипполит?

54. Почему Женя возвращается в квартиру Нади?

Га́ля и На́дя разгова́ривают по телефо́ну 2 (09:44):

Пыта́ться / попыта́ться

Объясня́ть / объясни́ть +кому? что?

Сла́вный

До́брый

Признава́ться / призна́ться + кому? в чём?

Зави́довать + кому?

Проща́ть / прости́ть + кому? что?

Защища́ть / защити́ть + кого?

Красть / укра́сть (+ у кого?) жениха́

Броса́ть / бро́сить + кого?

В после́дний моме́нт

55. Что Надя пытается объяснить Гале?

56. Галя верит Наде?

57. Как Галя сама себе объясняет, что произошло?

58. Почему Ипполит уходит?

59. Что чувствует в этот момент Женя?

На́дя и Же́ня 3 *(13:17):*

Остава́ться / оста́ться + где?
Сади́ться за стол
Серди́ться / рассерди́ться + на кого?
Рвать / порва́ть
Серьёзный
Положи́тельный
Удо́бно
Надёжно
Вы́годный
Жесто́кий
Де́лать бо́льно + кому?
Встреча́ться + с кем?
Жена́т

На́дя, Же́ня и подру́ги На́ди 5 *(30:23):*

Ссо́риться / поссо́риться + с кем?
Уводи́ть / увести́ + кого? куда?
Незнако́мый мужчи́на
Целова́ть / поцелова́ть + кого?
Целова́ться + с кем?
Откла́дывать / отложи́ть отъе́зд
Вести́ себя́ бесцеремо́нно
Подслу́шивать / подслу́шать + кого?
    Выбра́сывать / вы́бросить (+ кого/
    что?) за окно́
Поднима́ть / подня́ть + кого/что?
Бри́ться / побри́ться бри́твой
Лови́ть / пойма́ть такси́
Вокза́л
Покупа́ть / купи́ть биле́т в ка́ссе

Же́ня, мать На́ди, На́дя 8 *(44:35):*

Принима́ть / приня́ть (+ кого?) за во́ра
Влеза́ть / влезть в кварти́ру
Красть / укра́сть
Лови́ть / пойма́ть + кого?
Запира́ть / запере́ть + кого? где?
Выбра́сывать / вы́бросить (+ что?) за
    окно́
Рвать / порва́ть (+ что?) на ме́лкие
    кусо́чки

60. Же́ня хо́чет уйти́? А На́дя хо́чет, что́бы Же́ня ушёл?

61. Почему́ Же́ня хо́чет порва́ть фотогра́фию Ипполи́та? Что На́дя об э́том ду́мает?

62. Как Же́ня опи́сывает Ипполи́та?

63. Почему́ На́дя называ́ет Же́ню «жесто́ким»?

64. На́дя когда́-нибудь была́ за́мужем? Что произошло́?

65. Заче́м пришли́ подру́ги На́ди? Что они́ собира́ются де́лать?

66. Каку́ю исто́рию расска́зывает На́дя подру́гам? Они́ ей ве́рят?

67. Чего́ хо́чет Же́ня?

68. Когда́ и почему́ измени́лось поведе́ние Же́ни?

69. Куда́ звони́т Же́ня и почему́?

70. Что На́дя об э́том ду́мает?

71. Что Же́ня де́лает с фотогра́фией Ипполи́та? Почему́?

72. Что Же́ня де́лает с бри́твой Ипполи́та?

73. Куда́ собира́ется На́дя?

74. Куда́ она́ е́дет на са́мом де́ле?

75. Почему́ мать На́ди заперла́ Же́ню в ко́мнате?

76. Что Же́ня де́лает с биле́том на по́езд и с фотогра́фией Ипполи́та?

Надя, Женя и пьяный Ипполит 10 (53:18):

Напиваться / напиться
Пьяный
Принимать / принять душ
Испортить пальто
Не мелочись!
Умолять + кого?
Простужаться / простудиться
Умирать / умереть
Мокрый
Мороз

77. В каком виде Ипполит приходит к Наде?
78. Ипполит говорит, что не может быть «запланированного счастья». Что он имеет в виду?
79. Как Ипполит вёл себя раньше и как он ведёт себя теперь? Почему?

Надя и Женя 10 (59:01):

Уставать / устать
Сумасшедшая ночь
Сходить / сойти с ума
Решаться / решиться + на что?
Опомниться
(+ Кому?) пора
Сдерживать / сдержать чувства
Сдерживаться / сдержаться
Вспоминать / вспомнить + кого?
Красть / украсть
Нелётная погода
(Не) брать / взять трубку = (не) отвечать / ответить на телефонный звонок

80. Новогодняя ночь заканчивается. Как чувствует себя Надя? А Женя?
81. О чём Надя просит Женю?
82. О чём Женя просит Надю?
83. Почему Надя не поднимает трубку, когда звонит телефон?
84. Как вы считаете, о чём думает Надя, когда Женя уходит?

Женя у себя дома 13 (1:10:55):

Пропадать / пропасть (Где ты пропадал? Куда ты пропал?)
Случайно
Путать / перепутать + кого/что? с кем/чем?
Отправлять / отправить
(Не) соображать / сообразить (Ничего не соображаю)
Бабник = мужчина, который любит ухаживать за женщинами (colloq.)
Слушаться + кого?
Ладить / поладить + с кем?
Раздражаться
Всё останется по-прежнему

85. Как Женя объясняет матери, где он был?
86. Почему мать Жени считает, что ему обязательно надо жениться?
87. Почему мать называет Женю «бабником»?
88. Почему Женя говорит, что он не хочет жениться?

Надя приезжает к Жене 13 (1:15:30):

Открыва́ть / откры́ть дверь свои́м
   ключо́м

Ключ подошёл

Тот же са́мый, та́ же са́мая, те́ же
   са́мые

(Не) ве́рить / пове́рить + кому?

Сон

Ве́ник

Рад

Проща́ть / прости́ть + кого?; кому?
   что?

Жела́ть / пожела́ть + кому? что?

Счита́ть + кого? кем/чем? каким?

Легкомы́сленный

Поживём-уви́дим

Обнима́ться

89.   Как Надя попала в квартиру Жени?

90.   Что она там увидела?

91.   Как Женя отреагировал на её появление?

92.   Опишите финальную сцену. Кто что говорит и думает?

5.9   Расскажите об эпизоде

Выберите один или два эпизода из фильма (задание 5.8) и подробно расскажите о них, используя лексику эпизодов и подходящие по смыслу союзы: *сначала; после этого; потом; перед тем как; после того как; в то же время; в то время как; пока; когда; в это время; а; но.*

5.10   Реплики из фильма

Кто, кому и когда это говорит?

1.   Ну, горько!

2.   Пить надо меньше.

3.   Нет, это я живу: третья улица Строителей, двадцать пять, квартира двенадцать.

4.   У тебя мировая мама.

5.   Я вас ненавижу, вы мне сломали жизнь.

6.   -Вы считаете меня легкомысленной? -Поживём – увидим.

7.   Так ты позвонил, чтобы поздравить меня с Новым годом?!

8.   Дело в том, что я не тот, за кого вы меня принимаете.

9.   Как же ты меня нашла?

10.   Вы должны знать, какой замечательный человек наша Наденька! Как её любят педагоги! Как её любят родители!

5.11 Головоломка

Используя по одному слогу из каждой колонки, найдите здесь слова из списка в 5.8.
Начало каждого слова дано в первой колонке.

ПО	ДЁЖ	ИТЬ
У	ЯС	НО
О	БРИТЬ	НЕТЬ
СА	МО	НЯТЬ
НЕ	ГО	ТА
СОВ	БЫ	ДАТЬ
ОБЪ	ЛЕ	НЯТЬ
ВЫ	ВЕС	СЯ
ЗА	ПА	ВАТЬ
НА	СТРО	ТЕТЬ
ПО	ПЬЯ	ЛЁТ

5.12 Кроссворд

<u>Слово по вертикали:</u>

Советская архитектура не отличалась _____ .

Слова по горизонтали:

- Каждый год 31 декабря Женя с друзьями ходят в баню. У них такая _____(8)_____.

- Галя и Женя познакомились, когда Галя пришла к Жене на приём в _____(11)_____.

- Узнав, что Женя в Ленинграде, Галя подумала, что Женя просто _____(7)_____ от неё.

- В квартирах Нади и Жени был беспорядок, потому что они оба только что _____(1)_____.

- Надя не сразу _____(5)_____ Женю в своей квартире.

- Чтобы не замёрзнуть на улице, Женя прыгал на месте и повторял: «Пить надо _____(13)_____».

- Надя сказала Гале, что Женя показался ей славным и добрым, и что она ей немножко _____(10)_____. В этот момент Женя понял, что он _____(2)_____ Наде.

- Сначала Женя не хотел _____(12)_____ перед подругами Нади, а потом она не хотела этого делать.

- Жене кажется, что Надя по-настоящему не любит Ипполита. Он для неё просто _____(6)_____ жених.

- На улице Надя _____(4)_____ фотографию Ипполита, _____(9)_____ такси и поехала на вокзал.

- Когда Надя принесла фотографию Ипполита домой, Женя _____(3)_____ её на мелкие кусочки.

5.13 Сцены из фильма

Напишите о сцене, которая ...

а)   больше всего вам понравилась;

б)   кажется вам самой смешной;

в)   по вашему мнению, является кульминационной сценой фильма;

г)   кажется вам наименее важной, потому что она ничего не добавляет к развитию сюжета.

Эти слова помогут вам выразить ваше мнение. Расширенный список подобных слов и выражений вы найдёте на странице 183.

В конце концов	Одним словом
В отличие от	По мнению (+ кого?)
Вместо того, чтобы	По следующим причинам
Во-первых, ... Во-вторых,... В-третьих,...	По сравнению с тем, что
Дело в том, что	Поскольку
Для того, чтобы	После того, как
Если	После этого
Если бы	Потому (,) что
Значит	Поэтому
Из-за того, что...	Прежде всего
К сожалению	При условии, что
Кажется	С одной стороны...., с другой стороны...
Когда	С точки зрения (+ кого?)
Кроме того, что	Судя по тому, что
Например	Так как
Несмотря на то, что	Таким образом
Но	Тем не менее
Однако	Хотя

5.14 Сценаристы и актёры

Напишите и разыграйте в классе сцену, которой нет в фильме.

Например, Надя встречается с Галей. При встрече могут присутствовать мать Жени, его друзья, подруги Нади и её мать.

5.15 Напишите

1.   Вы согласны с Галей, что у Жени «мировая мама»?

2.   Какую роль друзья Жени и подруги Нади играют в их жизни?

3.   Какие аспекты советской жизни вызывают насмешку авторов фильма?

4.   Каждый год в канун Рождества в США показывают фильм «It's a Wonderful Life». В России в канун Нового года неизменно показывают «Иронию судьбы». Чем вы можете объяснить популярность этих и подобных им фильмов у зрителей?

5.16 Перевод

- Прочитайте разговор между Надей и Женей.
- Перепишите его в косвенной речи.
- Переведите на идиоматичный английский.

(*Надя*)- Возьмите ваши пятнадцать рублей.

(*Женя*)- Спасибо большое. Я вам завтра же вышлю. Вы не волнуйтесь.

(*Надя*)- Я вас ненавижу. Вы мне сломали жизнь.

(*Женя*) - Он вернётся. Честное слово. Вот посмотрите. Вспыльчивые и ревнивые – они быстро отходят. Ой, как я вас понимаю! Моё положение ещё хуже. У меня в Москве в пустой квартире ждёт женщина, которой...

(*Надя*)- А что, она не знает, где вы?

(*Женя*) - Да нет. Понятия не имеет. Она с ума сходит.

(*Надя*)- Так позвоните ей.

(*Женя*) - Как я могу? У меня талончика нет.

(*Надя*)- Звоните в кредит. Звоните по автомату.

(*Женя*) - Вы чуткий человек. Позвольте, я разденусь. Очень жарко.

(*Надя*)- Делайте, что хотите.

(*Женя*) - Спасибо. (*Набирает номер.*) Алло! Здравствуйте! С наступающим Новым годом! Девушка, будьте любезны, на Москву примите заказ. [...] В течение часа? А пораньше нельзя? (*Наде*) В течение часа сказала. Давайте, я посижу на лестнице, а вы меня позовёте. Или хотите? Объясните Гале всё сами. А я пойду...

(*Надя*)- Нет, уж. Объясняйтесь с ней сами.

(*Женя*) - Между прочим, до Нового года осталось две минуты.

(*Надя*)- Откройте шампанское. Оно стоит в холодильнике.

(*Женя*) - Ой, и тут не везёт. Простите. С Новым годом! Вас как зовут?

(*Надя*)- Надя.

(*Женя*) - Меня Женя. С Новым годом, Надя!

(*Надя*)- С Новым годом!

5.17 Перевод

Переведите разговор из финальной сцены фильма на русский. Сравните с разговором в фильме.

(*Zhenya*)- Nadya, how did you find me?

(*Nadya, lovingly*)-You are an incredible blockhead [= непроходи́мый тупи́ца].

(*Zhenya's friends come into the apartment.*)- Hello, Mariya Dmitrievna! Happy New Year!

(*Zhenya's mother*)- Happy New Year! Go wake up Zhenya!

(*They all enter the room and see Zhenya and Nadya hugging each other.*)

(*Mikhail*)- How could I be wrong?! After all, I never drink.

(*Pavel*)- I am glad, that you, Zhenechka... Evgenij, and you, Galya... Well, that we are your friends..., and that, so to speak, Galya has forgiven you.

(*Aleksandr*)- Zhenya, stop hugging her, somebody is talking to you.

(*Zhenya*)-We can't stop. We haven't seen each other for a long time.

(*Pavel*)- It doesn't annoy me at all. (*To Mikhail*) Does it annoy you? Zhenechka, I am glad, *we* are glad that Galya has forgiven you and that you finally found Galya.

(*Zhenya to his mother*)- Mom, my Nadya has come.

(*Nadya to Zhenya's mother*)- Do you consider me a frivolous person?

(*Zhenya's mother*)- We'll have to wait and see.

   (*Aleksandr to Pavel and Mikhail*)- Do you understand what's going on?

(*Pavel*)- Are you talking to me? I just think this woman isn't Galya. (*To Mikhail*) Why aren't you saying anything? Say something! After all, you're the sharpest of the four of us.

(*Mikhail*)- Well, what can I say? I can only say that one of these two is Zhenya.

(*Zhenya*)- Friends, I am so grateful that you so suddenly changed my life. And that fate brought me to Leningrad. And that in Leningrad, there is exactly the same street with exactly the same building and the same apartment as in Moscow. Otherwise, I would never be so happy.

(*Nadya*)- *We* would never be so happy.

(*Zhenya*)- Otherwise, *we* would never be so happy.

5.18 Перевод

Переведите текст на идиоматичный русский.

   This delightful romantic comedy begins with an animated short. The voice-over comments with light irony about the thoughtfulness of Soviet architects: all the apartment buildings are built alike, so that a Soviet citizen can feel at home in any city. Now the audience has been prepared to believe that a resident of Moscow could mistake an address in Leningrad for his own apartment.

   It is New Year's Eve. Zhenya, a painfully shy surgeon who plays the guitar and sings, has just proposed marriage to Galya. Zhenya and Galya don't seem quite right for each other, from our point of view. They plan to celebrate that evening at Zhenya's house, but in the meantime Zhenya and his friends go to the bathhouse, as is their tradition on New Year's Eve. Unfortunately, they drink to Zhenya and his upcoming marriage so wholeheartedly that they all get hopelessly drunk. By accident, the friends put Zhenya on a plane to Leningrad. Zhenya gives a cab driver his Moscow address and uses his own key to open the door of a stranger's apartment. He falls asleep on "his" bed immediately.

   Nadya, who also plays the guitar and sings, lives in Leningrad and is about to marry Hippolyte. But when Hippolyte finds Zhenya in Nadya's bed, a comic series of misunderstandings begins. Our sympathies lie with Zhenya and Nadya—we understand that Fate has brought them together by the means of Russian vodka, good friends, and Soviet city planners. Eventually, they, too, understand this, so that "all's well that ends well."

   "Fate's Irony" came out in 1976. The film was made for TV and despite its extremely long running time was tremendously successful. It has become a tradition to show this film every year around New Year's Day.

5.19 Рекламный ролик

- Напишите сценарий и разыграйте рекламный ролик к фильму (5-7 минут). Ваша задача привлечь зрителя в кино.
- Снимите этот ролик на видео и покажите его в классе.

5.20 Симпозиум

- Напишите ответ на вопрос «Верите ли вы в судьбу?»
- Подготовьтесь к обсуждению в классе.

5.21 О фильме

Прочитайте и проанализируйте рецензию.

- Какова история создания фильма? Какие трудности пришлось преодолеть режиссёру?
- Какие новаторские приёмы использовал режиссёр при создании фильма?

В декабре 2003, накануне Нового года, на доме, где когда-то снимался фильм «Ирония судьбы», появилась мемориальная доска. Этот символический жест засвидетельствовал, что фильм вошёл не только в историю советского и российского кинематографа, но и в историю жизни нескольких поколений зрителей. Все эти годы, после первого показа по телевидению в 1976 году, фильм не сходит с телеэкранов. Каждый год его показывают 31 декабря. Слушая до сих пор ненадоевшие песни из фильма, проговаривая вместе с героями ставшие крылатыми реплики, россияне готовятся к встрече очередного Нового года.

Изначально идея фильма была принята киноначальством в штыки: пьяный, бесшабашный доктор никак не походил на положительного героя. По мнению чиновников Госкино фильм представлял пьянство – проблему, серьёзную для миллионов, – в романтическом свете. Однако режиссёр фильма не стал ждать, когда наверху сменится настроение и совместно с драматургом и киносценаристом Эмилем Брагинским написал пьесу, которая была поставлена в 110 театрах СССР. Позже, когда разрешение на съёмки теперь уже телевизионной версии было наконец дано, авторам опять пришлось сражаться с цензурой, чтобы отстоять некоторые рискованные по тому времени реплики героев. Например, в сцене, где Женя и Надя разговаривают о своих профессиях, реплика о том, что зарплата врачей и учителей непропорционально мала по сравнению с их занятостью и ответственностью, долго вызывала недовольство киноцензуры.

В одном из своих интервью режиссёр напомнил зрителям, что до появления «Иронии» комедии обычно были короткими, сюжеты в них развивались быстро, диалог был минимальным. «Ирония» же, напротив, фильм двухсерийный, с относительно небольшим количеством сюжетных поворотов и при этом с большим количеством диалога. Другой новаторской чертой фильма были песни. До «Иронии» песни в фильмах писались на слова, специально сочинённые для данного фильма. Рязанов же выбрал стихи известных поэтов и предложил композиторам написать к ним музыку. Операторская работа в фильме также была новаторской. До «Иронии» камера обычно снимала героев в сцене поочерёдно. В «Иронии» же оператор работал тремя камерами: одна снимала актёра, другая – актрису, а третья – обоих вместе. Для монтажа этот приём создал невероятно широкие возможности.

5.22 Начинающий кинокритик

Напишите свою собственную рецензию на фильм. Вы можете поместить её на следующие сайты <www.ozon.ru>, <www.bolero.ru>

5.23 Тексты песен и аккорды

«Со мною вот что происходит...»
Музыка: М. Таривердиев
Стихи: Е. Евтушенко

Gm   D7
Со мною вот что происходит,
 G7   Cm
Ко мне мой старый друг не ходит,
 Cm7   A#7 D#7
А ходят в разной суете
Cm   D7
Разнообразные не те.

Со мною вот что происходит,
Совсем не та ко мне приходит,
Мне руки на плечи кладёт
И у другой меня крадёт.

 G#m
А той скажите, Бога ради,
C#7   D#m
Кому на плечи руки класть?
C# C#7 C#7
Та, у которой я украден,

 G#7   A#7 D7
В отместку тоже станет красть.

  Gm
Не сразу этим же ответит,
D#7
А будет жить с собой в борьбе

G#7
И неосознанно наметит
D7
Кого-то, дальнего, себе.

 Gm Cm F   A#
О, сколько вредных и ненужных связей,
G7 G7
Дружб ненужных.
Cm F   A#
Во мне уже осатанённость.
Gm Cm F   F#
О, кто-нибудь, приди, нарушь
G7   G7
Чужих сердец соединённость
Cm F A#   D#7   D7
И разобщённость близких душ.

  Gm   D7
Со мною вот что происходит...

«Если у вас нету тёти...»
Музыка: М.Таривердиев
Слова: А. Аронов

Hm
Если у вас нету дома,
 Em   A   D -H7
Пожары ему не страшны.
  Em   F#   G - H7
И жена не уйдёт к другому,
Em   A   D   G
Если у вас, если у вас,

Em   F#   Hm H7
Если у вас нет жены,
Em F# Hm
Нету жены.

(Припев:)

  Em   A   D
Оркестр гремит басами,
  Em   A   D -H7
Трубач выдувает медь.

Em   A   D   G
Думайте сами, решайте сами,
 Em   F# Hm -H7
Иметь или не иметь.
 Em   F# Hm
Иметь или не иметь.

Если у вас нет собаки,
Её не отравит сосед.
И с другом не будет драки,
Если у вас друга нет.

Если у вас нету тёти,
Её вам не потерять.
И если вы не живёте,
То вам и не умирать.

(Припев.)

«Никого не будет в доме»
 Музыка: М.Таривердиев.
Стихи: Б.Пастернак

 Am   Dm   E7
Никого не будет в доме.
Am   Dm
Кроме сумерек.
G7C
Один
Dm   G7   C
Зимний день в сквозном проёме
 Dm   E7   Gm6 A7
Незадёрнутых гардин.
Dm   E7   Am
Незадёрнутых гардин.

Только белых мокрых комьев
Быстрый промельк моховой,
Только крыши, снег, и кроме
Крыш и снега никого.
Крыш и снега никого.

И опять зачертит иней,
И опять завертит мной
Прошлогоднее унынье
И дела зимы иной.
И дела зимы иной.

```
      Gm              A7
Но внезапно по портьере
      Dm
Пробежит волненья дрожь.
F
Тишину шагами меря,
E7
Тишину шагами меря,
     Dm        Dm6
Тишину шагами меря,
             H7      E7
Ты, как будущность войдёшь.
```

Ты появишься у двери
В чём-то белом, без причуд,
В чём-то, впрямь из тех материй,
Из которых хлопья шьют.
Из которых хлопья шьют.

«По улице моей»
Музыка: М.Таривердиев
Стихи: Б.Ахмадулина

```
      Hm              G    Hm
По улице моей  который год
        D            A        D
Звучат шаги, мои друзья уходят.
     Em       F#            Hm
Друзей моих бессмысленный уход
```

```
 G             F#      Hm
Той темноте за окнами угоден.
F#m          A           D
О одиночество! Как твой характер крут,
     Em                    F#
Посверкивая циркулем железным,
     Hm              Em
Как холодно, ты размыкаешь круг,
     C         G     F#
Не внемля увереньям бесполезным.
```

Дай стать на цыпочки в твоём лесу,
На том конце замедленного жеста.
Найти листву и поднести к лицу,

И ощутить сиротство, как блаженство.
Даруй мне тишь твоих библиотек,
Твоих концертов строгие мотивы,
И мудрая я позабуду тех,
Что умерли или доселе живы.

```
         Hm  G       F#m
И я познаю мудрость и печаль,
       Em     A          D
Свой тайный смысл доверят мне
предметы,
      Em      A      D
Природа, прислонясь к моим плечам,
     Em     G     F#
Откроет свои детские секреты.
```

И вот тогда, из слёз, из темноты,
Из бедного невежества былого
Друзей моих прекрасные черты
Появятся и растворятся снова.

«У зеркала»
Музыка: М.Таривердиев
Стихи: М. Цветаева

```
Am              D    Dm   E7
Хочу у зеркала, где муть и сон
туманящий,
   Am        Dm      G        C
Я выпытать, куда вам путь, и где
пристанище.
   Dm   E7      Am   G        C
Я вижу мачты корабля, и Вы на палубе.
      Dm      E7      Am   G
C
В тумане поезда - поля, поля, в
вечерней жалобе.


E7 Am            D         G     C
Вечерние поля в росе, над ними -
вороны.
```

```
     Dm   E7      Am
Благославляю Вас, благославляю Вас,
   Am       D    Dm    E7  Am
Благославляю Вас на все четыре
стороны.


     Dm   E7       F
Благославляю Вас, благославляю Вас,
   Am       D    Dm    E7  Am
Благославляю Вас на все четыре
стороны.
```

«Мне нравится»
Музыка: М.Таривердиев
Стихи: М. Цветаева

```
Am      Dm       E7
Мне нравится, что Вы больны не мной,
  Am      Dm      E7
Мне нравится, что я  больна не вами,
   F   G7      Cmaj7 - Fmaj7
Что никогда тяжёлый шар земной,
   Dm    Dm6    E
Не уплывёт под нашими ногами.


   Am     Dm       E7
Мне нравится, что можно быть
смешной,
   Dm6       G7      Cmaj7
Распущенной   и не играть словами,
    Asus4/B  A    Dm
И не краснеть удушливой волной,


   Dm         E7
Слегка соприкоснувшись рукавами.
```

```
    C
Спасибо Вам и сердцем и рукой,
   Gm              A7
За то, что Вы меня, того не зная сами,
   Dm
Так любите,
    F
За мой ночной покой,


    B
За редкость встреч закатными часами.
   Dm
За наше негулянье под луной,
   E
За солнце не у нас над головами,
   Am      Dm       E7
За то, что Вы - увы! - больны не мной,
   Am      Dm       E7
За то, что я - увы! - больна не вами.
```

«Я спросил у ясеня»
Музыка: М.Таривердиев
Слова: В. Киршон

Am   E   A7   Dm
Я спросил у ясеня, где моя любимая,
   G   C   Dm   E
Ясень не ответил мне, качая головой.
A7   Dm   G   C
Я спросил у тополя: «Где моя
любимая?» -
Dm   Am   Dm   E7
Тополь забросал меня осеннею
листвой.

Я спросил у осени: «Где моя
любимая?» -
Осень мне ответила проливным
дождём.
  A7   Dm   G   C
У дождя я спрашивал, где моя
любимая,
  Dm   G   C   Dm   E
Долго дождик слезы лил под моим
окном.

Я спросил у месяца: «Где моя
любимая?» -
Месяц скрылся в облаке - не ответил
мне.
Я спросил у облака: «Где моя
любимая?» -
Облако растаяло в небесной синеве...

«Друг ты мой единственный, где моя
любимая?
Ты скажи, где скрылася, знаешь, где
она?»
A7   Dm   G   C
Друг ответил преданный, друг ответил
искренний,
Dm   G   C   A7 Dm   G   C
«Была тебе любимая, была тебе
любимая,
Dm   Am   Dm   E   Am
Была тебе любимая, а стала мне жена.»

  Am   E
Я спросил у ясеня...

Глава 6

Москва слезам не верит

Мосфильм, 1979 г., мелодрама, 145 мин.

Награды:

Премия «Оскар» в номинации «Лучший фильм на иностранном языке» (1980 г.).
Приз Гильдии кинопрокатчиков США (1980 г.). Главный приз МКФ (Международный
кинофестиваль) в Лиссабоне (1980 г.). Премия в номинации «Лучший иностранный
фильм» на кинофестивале в Хьюстоне (1981 г.). Государственной премии в области
искусств за 1980 г. удостоены В.Меньшов, В.Алентова, И. Муравьёва, Р. Рязанова,
А. Баталов. Согласно опросу журнала "Советский экран", Вера Алентова – лучшая
актриса 1980 г.

6.1 Несколько слов о фильме

60-ые годы. В Москве не хватает рабочих. Из провинции в Москву приезжают
молодые парни и девушки, готовые жить в общежитии и выполнять тяжёлую

работу, в надежде, что в столице они найдут своё счастье. Среди них три подруги: главная героиня фильма Катя, которая приехала в Москву поступать в институт, но провалилась на экзаменах, Тоня, которая быстро выходит замуж за такого же, как и она сама, рабочего, и Людмила, которая энергично ищет богатого и знаменитого мужа. Три подруги по-разному представляют себе, что такое успех в жизни и счастье. (По материалам из Интернета)

6.2   Над фильмом работали

Режиссёр	Владимир Меньшов Актёр кино, сценарист, режиссёр, продюсер. Родился в Баку 17. 09. 1939 г. В 1965 г. окончил Школу-студию им. В. Немировича-Данченко при МХАТе. В 1970 г. окончил аспирантуру при кафедре режиссуры во ВГИКе (мастерская М. Ромма). Снялся в более сорока фильмах. Режиссёр пяти фильмов: «Розыгрыш» (1976 г.), «Москва слезам не верит» (1979 г.), «Любовь и голуби» (1984 г.), «Ширли-мырли» (1995 г.), «Зависть богов» (2000 г.). Заслуженный деятель искусств РСФСР (1984 г.), Лауреат Государственных премий РСФСР (1976 г.) и СССР (1981г.). Народный артист России.
Автор сценария	Валентин Черных
Оператор	Игорь Слабневич
Композитор	Сергей Никитин
Авторы слов песен	Дмитрий Сухарев, Юрий Визбор, Юрий Левитанский
Исполнители песен	Татьяна и Сергей Никитины

6.3   Действующие лица и исполнители

Действующие лица	Исполнители
Катерина / Катя	Вера Алентова
Людмила	Ирина Муравьёва
Антонина / Тоня	Раиса Рязанова
Коля	Борис Сморчков
Рудольф / Рудик / Родион	Юрий Васильев
Сергей	Александр Фатюшин
Александра	Наталья Вавилова

Гоша

Алексей Баталов
Актёр, режиссёр, сценарист. Снялся в более тридцати фильмах. Родился 20. 11. 1928 г. во Владимире. Окончил актёрское отделение Школы-студии МХАТ (1950 г.). В 1953-1956 гг. играл на сцене МХАТ им. М. Горького, в 1957-1975 гг. — актёр и режиссёр киностудии «Ленфильм». В кино снимается с 1944 г. С 1975 г. — педагог ВГИКа (Всероссийский Государственный институт кинематографии), с 1979 г. – п рофессор. Народный артист СССР (1976 г.). Лауреат Государственной премии СССР (1981 г. — за участие в фильме «Москва слезам не верит»). Лауреат Государственной премии РСФСР им. братьев Васильевых (1968 г. — за участие в фильме «Девять дней одного года»).

6.4   Кто есть кто? Звёзды кинематографии

Найдите информацию о следующих известных деятелях кинематографии в Интернете и сделайте сообщение в классе об одном из них. Вы можете проиллюстрировать свой рассказ клипами из других фильмов, над которыми они работали. (*Совет: Информацию о многих деятелях российского кино вы можете найти на сайте <www. mega.km.ru/cinema>. Вы можете также сделать поиск по интересующей вас фамилии в русскоязычном Google <www.google.com/ru/> или в поисковой системе Yandex <www.yandex.ru>)

Вера Алентова
Ирина Муравьёва
Юрий Визбор
Татьяна и Сергей Никитины

6.5   Кто? Где? Когда? 10 вопросов к фильму

1. Где и когда происходит действие фильма?
2. Зачем Катя приехала в Москву?
3. Где работают Катя и её подруги?
4. Кто из подруг выходит замуж первой?
5. Как Рудольф объясняет, что он не может помочь Кате?
6. Когда и как Катя снова встречается с Рудольфом?
7. Как Катя знакомится с Гошей?
8. Почему Гоша исчезает?
9. Кто и как нашёл Гошу?
10. Почему Катя говорит в конце фильма «Как долго я тебя искала»?

6.6 Что сначала? Что потом?

Расположите предложения в том порядке, в каком произошли события в фильме. Используйте, где уместно, следующие союзы: *потом; когда; после того как; в то время как; в то же время; через какое-то время; через несколько дней / лет; несколько дней спустя.*

- Катя и Людмила переезжают в квартиру родственников Кати.
- Рудольф и его мать отказываются помочь Кате.
- У Кати рождается ребёнок.
- Рудольф приезжает на комбинат снимать интервью с директором и сначала не узнаёт Катю.
- 2 Катя знакомится с Гошей в электричке.
- 4 Подруги хотят помочь Кате найти Гошу.
- Коля находит Гошу.
- Катя знакомится с Рудольфом на вечеринке, которую организовала Людмила.
- 1 Катя становится директором ткацкого комбината.
- Катя проваливает экзамен в институт.
- Рудольф приходит к Кате домой, чтобы познакомиться с Александрой.
- Гоша узнаёт от Рудольфа, что Катя – директор комбината.
- 3 Гоша уходит, и Катя понимает, что он не вернётся.
- На свадьбе Тони выясняется, что Катя беременна.

6.7 Кадры из фильма и задания к ним

Г   Б   А   В

1. Соедините реплики с кадрами.

   А)   Вот, последние тебе отдаю. Себе десять копеек на дорогу оставляю.
   Б)   А ты помолчи, не перебивай, когда отец разговаривает.
   В)   Прошу тебя, никогда не повышай на меня голоса.
   Г)   Понимаете, набор одиноких женщин временно прекращён.
   Д)   Надо, чтобы кто-то другой её встречал. Через три месяца Антонине
        здесь рожать. Ещё подумают, что у меня гарем.
   Е)   Нельзя мне. Тренер не одобряет. Спортивный режим.

2. Расположите кадры в хронологическом порядке и кратко расскажите,
   что происходит в каждом кадре.

3. Конкурс вопросов: задайте как можно больше вопросов к каждому
   кадру.

4. Опишите отношения между Катей и Рудольфом; Катей и Гошей; Катей,
   Людмилой и Тоней.

5. Расскажите о второстепенных героях фильма (Сергей, Коля). Дополните
   описания героев вашими собственными предположениями.

6.8   Сцены. Слова. Вопросы.

Слова, которые помогут вам говорить о фильме:

Панора́ма Москвы́. Пе́сня
«Алекса́ндра» (см. текст песни в
конце главы).
«Москва́ не сра́зу стро́илась» –
посло́вица, кото́рая означа́ет, что на
всё ну́жно терпе́ние и вре́мя.

Пе́рвая се́рия
Общежи́тие [0:03:26]:

Зава́ливать / завали́ть экза́мен
Два ба́ла = дво́йка
Расстра́иваться / расстро́иться
Утеша́ть / уте́шить
Космети́ческая ма́ска
Скро́мный
Дере́вня
Боя́ться / испуга́ться

Прогу́лка по го́роду [0:08:00]:

*Лими́тчик, лими́тчица = лю́ди,
прие́хавшие в Москву́ на
тяжёлую непрести́жную рабо́ту
и получи́вшие за э́то жильё и
моско́вскую пропи́ску.
Звёзды кино́
Зави́довать + кому?

Ка́тя на заво́де [0:10:00]:

Нала́живать / нала́дить стано́к
Нала́дчик, нала́дчица
Нача́льник це́ха
Хвали́ть / похвали́ть + кого? за что?
Разбира́ться / разобра́ться + в чём?

Вопросы:

1. В нача́ле и в конце́ фи́льма звучи́т
    одна́ и та же пе́сня. Прочита́йте слова́
    к пе́сне в конце́ главы́ и объясни́те,
    как пе́сня свя́зана с сюже́том фи́льма.

2. Почему́ Ка́тя расстро́ена?

3. Как То́ня понима́ет, что Ка́тя
    завали́ла экза́мен?

4. Как она́ её утеша́ет?

5. Куда́ собира́ются То́ня и Ко́ля?

6. Чего́ Ко́ля испуга́лся и почему́?

7. Почему́ Людми́ла смеётся над То́ней,
    когда́ она́ говори́т, что они́ иду́т «в
    конце́рт»? Как на́до говори́ть?

8. Почему́ Людми́ла отка́зывается
    знако́миться с молоды́ми людьми́?

9. Кому́ зави́дует Людми́ла, и како́й
    жи́зни она́ хо́чет для себя́?

10. За что нача́льник це́ха хва́лит Ка́тю?

11. Как Ка́тя объясня́ет, почему́ она́ сама́
    нала́живает станки́?

Тоня на стройке *[0:11:33]:*

Ехать / поехать на дачу + к кому?
Родители
Бояться + кого/чего?
Пугаться / испугаться + кого/чего?
Девчонки

12. Куда Коля приглашает Тоню?
13. Почему Тоня пугается?
14. Почему Коля ей предлагает взять с собой девчонок, т.е. Катю и Людмилу?

Люда на хлебозаводе и в метро *[0:12:30]:*

Одеваться / одеться
Нарядное платье
Принимать / принять серьёзный вид
Бежать по эскалатору
Знакомиться / познакомиться + с кем?
Привлекать / привлечь к себе внимание + кого?
Москвич, москвичка

15. Как Людмила одевается?
16. Почему она не хочет идти вместе с другими девушками?
17. Где и как она знакомится с молодым человеком?
18. Откуда видно, что она ему нравится?

Поездка на дачу *[0:15:36]:*

Завидный жених
Дразнить + кого? чем?
Не в моём вкусе
Устраивать / устроить смотрины + кому?
Копить / накопить деньги + на что?
Стиральная машина
Выигрывать / выиграть
Лотерея
Сидеть за столом
Пить
Есть
Приносить / принести
Самовар (Пить чай из самовара)

19. Почему Людмила называет Колю «завидным» женихом? Как она его дразнит?
20. Что отвечает Коля?
21. Как Люда описывает жизнь Тони и Коли, после того как они поженятся?
22. Чем Людмиле не нравится такая жизнь?
23. Как их встречают родители Коли?
24. Кто из девушек больше всего нравится родителям Коли?
25. О чём Коля говорит с отцом?

Воскресенье утром *[0:19:30]:*

Родственник
Троюродный брат
Третьяковская галерея (Третьяковка)
Ленинская библиотека
Научный зал
Притворяться / притвориться
Читать
Заниматься
Выходить / выйти
Курить
Зажигать / зажечь сигарету

26. Куда собирается Катя?
27. Куда и зачем собирается Людмила?
28. Что делает Людмила в научном зале?
29. Что происходит, когда она приходит в курилку?

Катя и Людмила переезжают к Катиным родственникам [0:22:50]:

Высотный дом
Брать / взять слово + с кого?
«Ну, сели!»
Отъезд, перед отъездом
Поливать цветы
Вынимать почту
Прогуливать собаку
Звонить / позвонить по телефону + кому?
Номер изменился
Кандидат наук
Спортсмен
Телевизионщик = человек, работающий на телевидении (colloq.)
Выйти замуж
Родить ребёнка
Обожать + кого?

30. В какой дом переезжают девушки?
31. Почему Катина тётя беспокоится?
32. Почему профессор опоздал?
33. Почему все сели?
34. Что Катя должна делать, пока родственники отдыхают на юге?
35. Почему Людмила и Катя так счастливы?
36. Кому звонит Людмила и что говорит?
37. Кого она собирается приглашать в гости?
38. Как Людмила собирается найти мужа?
39. Когда она думает сказать ему правду?
40. Почему она думает, что муж простит её?

Катя и Людмила принимают гостей [0:29:40]:

Хоккеист
Работать + кем? где?
Оператор на телевидении
Инженер
Тренер
Тренироваться

41. Расскажите о гостях. Сколько каждому из них лет? Чем каждый из них занимается?
42. О чём идёт разговор за столом?
43. Кто самый знаменитый из гостей?
44. Почему Сергей не пьёт алкоголь?

Катя на телевизионной передаче, Людмила с Сергеем дома [0:35:20]:

Знаменитость
Девушка
Вешаться / повеситься на шею + кому?
Обнимать / обнять + кого?

45. Как чувствует себя Катя на передаче?
46. Как ведёт себя Людмила? Почему она не разрешает Сергею поцеловать себя?
47. Влюблён ли Сергей в неё?
48. Влюблена ли она в Сергея?
49. Какая у Людмилы цель?

Катя в гостях у Рудольфа [0:38:10]:

Играть на рояле
Пригласить к столу
Пить шампанское
«За знакомство!»
Вилка

50. С кем живёт Рудольф?
51. Как мать Рудольфа встречает Катю?
52. Что вдруг поняла Катя?
53. Почему она отказалась есть?

Рудольф приходит в гости к Кате [0:41:48]:

Проводить / провести вечер вдвоём
Пить шампанское
Танцевать
Целоваться
Зажигать / зажечь свет
Гасить / погасить свет

54. Как Катя и Рудольф проводят вечер?

Свадьба Тони и Коли [0:45:00]:

Общежитие
Гости
Свадебное платье
Сидеть за столом
Играть на аккордеоне
На солёненькое потянуло = to be drawn to pickled vegetables (about a pregnant woman)
Беременна
«Горько!» = "Bitter!" (At weddings, guests shout «Горько», meaning that the wine is bitter. To make the wine sweet, the newlywed couple must kiss each other.)
Целоваться
Пить / выпить за молодых

55. Как и где празднуют свадьбу Тони и Коли?

56. Как одета Тоня?

57. Как подруги понимают, что Катя беременна?

58. Чего требуют гости от Тони? Почему Тоня не обращает ни на кого внимания?

На заводе. Катю снимают для передачи на телевидении [0:47:30]:

Выступать / выступить
Телекамера
Оператор
Поступать / поступить в институт
Провалиться
Героиня труда
Обманывать / обмануть

59. Почему Катя не хочет выступать?

60. Что понимает Рудольф, когда узнаёт Катю?

61. Почему он называет Катю «героиней труда»?

В общежитии [0:52:20]:

Лежать на кровати
Подавать / подать заявление (в ЗАГС)

62. Какое у Кати настроение? Почему?

63. Какую новость ей сообщает Людмила? Что это значит?

В па́рке [0:53:50]:

Скаме́йка
Ждать ребёнка
Обма́нывать / обману́ть
Опа́здывать / опозда́ть на переда́чу
Всё обойдётся. = Things will turn out
all right.

64. О чём Катя просит Рудольфа?
65. Почему он не хочет ей помогать?
66. Что он ей предлагает сделать?
67. Как они прощаются?

Мать Рудо́льфа прихо́дит в общежи́тие [0:56:50]:

Предлага́ть / предложи́ть де́ньги +
кому?
Отка́зываться / отказа́ться + от чего?

68. Как мать Рудольфа объясняет, что
они не будут помогать Кате?
69. Что она предлагает Кате?
70. Как Катя реагирует?

У Ка́ти роди́лся ребёнок [0:59:35]:

Роддо́м = роди́льный дом
Медсестра́ (*pl.* медсёстры)

71. Кто встречает Катю с ребёнком?
72. Кто родился у Кати, мальчик или
девочка?
73. Почему ребёнка дают в руки Коле?
74. Почему Катя назвала дочку
Александрой?
75. Как отчество девочки?

По́здно но́чью в Ка́тиной ко́мнате [1:02:35]:

Занима́ться
Засыпа́ть / засну́ть над кни́гой
Заводи́ть / завести́ часы́
Переставля́ть / переста́вить часы́
Пла́кать / запла́кать

76. Почему Катя заводит часы на 5:30
утра, а потом переставляет на 5?
77. Почему Катя плачет?

Втора́я се́рия.
У́тро в до́ме Ка́ти [1:05:05]:

Двухко́мнатная кварти́ра
Отде́льная
Води́ть / вести́ маши́ну

78. Сколько лет прошло?
79. Где и с кем теперь живёт Катя?

У́тро в до́ме То́ни и Ко́ли [1:07:19]:

Близнецы́

80. Какая семья у Тони?
81. Как они живут?

Утро в доме Людми́лы *[1:08:04]:*

Проси́ть / попроси́ть де́ньги + у кого?
  на что?
Отдава́ть / отда́ть долг + кому?
Кра́йние обстоя́тельства
Похме́льный синдро́м
(Быть) в похме́льи
Отка́зываться / отказа́ться
Выгоня́ть / вы́гнать
Расходи́ться / разойти́сь
Химчи́стка
Улыба́ться / улыбну́ться + кому?
Быть ве́жливой + с кем?
Коке́тничать + с кем?

82. В каком состоя́нии Серге́й прихо́дит к Людми́ле?
83. О чём он про́сит Людми́лу? Почему?
84. Как она́ на это реаги́рует?
85. Жена́ты ли Людми́ла и Серге́й?
86. Где рабо́тает Людми́ла?
87. Как она́ ведёт себя́ с клие́нтами?
88. Почему́ она́ вдруг меня́ет своё поведе́ние?
89. Измени́лась ли Людми́ла?

Ка́тя на фабрике *[1:12:25]:*

Делова́я
Стро́гая
Справедли́вая

90. Где рабо́тает Ка́тя?
91. Кака́я у неё до́лжность?
92. Как она́ себя́ ведёт в этой до́лжности?
93. Как Ка́тя измени́лась?

Клуб одино́ких *[1:14:10]:*

*Ка́тя – член Моссове́та (бы́вший Моско́вский Сове́т Депута́тов трудя́щихся, сейча́с мэ́рия Москвы́)
Па́дает рожда́емость
Алкоголи́зм
Неполноце́нный рабо́тник
Разучи́ться
Обща́ться
Урбаниза́ция

94. Почему́ дире́ктор клу́ба счита́ет, что одино́чество - социа́льная пробле́ма?
95. О чём дире́ктор про́сит Ка́тю?
96. Чем дире́ктор хо́чет помо́чь Ка́те?
97. Согла́сна ли с ней Ка́тя?

Ка́тя у Воло́ди до́ма *[1:18:39]:*

Встреча́ться + с кем?
Жена́тый
О́тпуск
Соску́читься + по кому?
Звони́ть / позвони́ть в дверь
Тёща
Не́рвничать

98. Что случи́лось до́ма у Воло́ди?
99. Как Воло́дя реаги́рует на ситуа́цию?
100. Как реаги́рует Ка́тя?
101. Почему́ Ка́тя говори́т мужчи́не в ли́фте, что ей пло́хо?

На да́че у То́ни *[1:25:42]:*

Проща́ться / попроща́ться + с кем?
Уезжа́ть / уе́хать
Тре́звый
Боя́ться
Оби́деть + кого? чем?
Отка́зывать / отказа́ть + кому? в чём?
Зави́довать / позави́довать + кому?
Оптими́стка
Кла́дбище, на кла́дбище

102. Зачем Сергей приехал на дачу? В каком он виде?

103. Как, по словам Людмилы, Сергей стал алкоголиком?

104. Почему Катя завидует Тоне?

105. Какой новый способ знакомства хочет попробовать Людмила?

106. Почему подруги смеются?

Ка́тя знако́мится с Го́шей в электри́чке *[1:32:14]:*

Гря́зная о́бувь
У вас э́то на лице́ напи́сано. = It's written on your face.
Взгляд незаму́жней же́нщины
Оце́нивать / оцени́ть
Смотре́ть (+ на кого?) оце́нивающе
Ма́стер на заво́де
Сле́сарь вы́сшего разря́да
Провожа́ть / проводи́ть (+ кого?) домо́й на такси́
Де́нег (не) хва́тит

107. Как начинается разговор между Катей и Гошей?

108. Откуда Гоша знает, что Катя незамужем?

109. Кем, как думает Гоша, работает Катя?

110. Кем работает Гоша?

111. Как вы думаете, Гоша понравился Кате? Если да, то чем?

Го́ша у Ка́ти до́ма *[1:37:15]:*

Отнести́ су́мки на ку́хню
Гото́вить / пригото́вить у́жин
Привыка́ть / привы́кнуть + к кому/ чему?
Чи́стить / почи́стить лук
Прошу́ к столу́!
Жени́ться / пожени́ться
Жить вме́сте

112. Что делает Гоша, пока Катя отдыхает?

113. Как реагирует на это Катя? Почему?

114. Как Гоша ведёт себя с Александрой?

115. Какие у Гоши планы в отношении Кати?

116. Куда и зачем Гоша приглашает Катю и Александру?

На пикнике́ [1:42:24]:

Отдыха́ть / отдохну́ть
Спать в шезло́нге
День рожде́ния
Скро́мный
Пить / вы́пить + за кого/что?
Золоты́е ру́ки
Высо́кий, вы́ше
Вы́ше по положе́нию / по до́лжности
    = having a higher social status / status
    at work
Высо́кая зарпла́та

117. Как Катя и Александра проводят время на пикнике?

118. Что они узнают о Гоше от его друзей?

119. Когда у Гоши день рождения на самом деле? Зачем он солгал?

120. По убеждению Гоши, какие должны быть роли у мужчины и женщины в семье?

Ка́тя и Рудо́льф встреча́ются сно́ва [1:50:40]:

Снима́ть / снять (+ кого?) для
    переда́чи
Отдыха́ть в Со́чи (* Со́чи – го́род-
    куро́рт на Чёрном мо́ре)

121. Как Рудольф изменил своё имя? Почему?

122. Узнал ли он Катю сразу?

123. Что Рудольфа больше всего удивило в Кате?

Ка́тя и Родио́н встреча́ются на бульва́ре [1:56:42]:

Ви́деть / уви́деть + кого?
Перемени́ться = измени́ться
Жесто́кая
Учи́тель, учителя́
Взро́слая дочь
Не спать по нача́м
Корми́ть

124. Как вы думаете, почему Катя выбрала именно это место для встречи?

125. Каким тоном Катя разговаривает с Родионом?

126. Как изменилась Катя?

127. Как она сейчас относится к тому, что Родион тогда на ней не женился?

128. Согласна ли Катя познакомить Родиона с Александрой?

Го́ша помога́ет Ники́те [2:00:00]:

Бить + кого? за что?
Влюбля́ться / влюби́ться + в кого?
Подкара́уливать / подкара́улить +
    кого? = to hide in wait for smb.
    (*colloq.*)
Тре́бовать + чего? от кого?
Отказа́ться + от кого/чего?
Дра́ться / подра́ться + с кем?
Мужска́я обя́занность
Мо́дно
Прести́жно

129. Почему Александра не хочет, чтобы Никита шёл домой один?

130. Как Гоша и его друг помогли Никите?

131. Почему Гоша не хочет, чтобы Александра рассказала об этом Кате? Что это говорит о характере Гоши?

132. Какое у Гоши жизненное кредо?

Родио́н прихо́дит к Ка́те домо́й *[2:06:20]*:

Кула́чная распра́ва = fist-law
Ме́тод
Прав тот, кто сильне́е
Телеопера́тор
Да́вний знако́мый
Пока́зывать / показа́ть (+ кого?) по
    телеви́дению
Выдава́ть / вы́дать секре́т
Отпуска́ть / отпусти́ть + кого?

133. Почему́ Катя недово́льна тем, что
     Гоша помо́г Ники́те?

134. Как Катя представля́ет Родио́на?

135. Какой секре́т Кати выдаёт Родио́н?

136. Почему́ Катя не сказа́ла об этом
     Гоше?

137. Почему́ Гоша внеза́пно собира́ется
     уходи́ть?

138. Почему́ Катя его не пуска́ет?

139. Как Алекса́ндра узнаёт, кто тако́й
     Родио́н?

140. Что Катя раньше говори́ла
     Алекса́ндре о её отце?

Подру́ги прихо́дят на по́мощь Ка́те *[2:11:37]*:

А́дрес
Фами́лия
Проверя́ть / прове́рить
На ме́сте
Иска́ть
Шрам от аппендици́та
Сле́сарь
Нау́чно-иссле́довательский институ́т
    (НИИ)

141. Что произошло́?

142. Что Катя знает о Гоше?

143. О чём беспоко́ится Людми́ла?

144. Куда собира́ется идти Коля?

Ко́ля нахо́дит Го́шу *[2:13:50]*:

Пить / вы́пить
Налива́ть / нали́ть + что? кому?
Во́дка
Пи́во
Мир
Стаби́льность
Обма́нывать / обману́ть + кого?
Социа́льный ста́тус челове́ка
«Ли́чный» ста́тус челове́ка

145. Как вы ду́маете, как Коле удало́сь
     найти́ Гошу?

146. Что де́лает Гоша у себя в ко́мнате?

147. Опиши́те ко́мнату Гоши.

148. Как Гоша встреча́ет Колю?

149. О чём Гоша спра́шивает Колю?

150. Почему́ Гоша оби́делся на Катю?

Го́ша возвраща́ется [2:15:30]:

Доставля́ть / доста́вить + кого? куда?
Спо́рный вопро́с
Дружи́ть дома́ми / се́мьями

151. Кто кого «доставил», Коля Гошу или Гоша Колю?

152. Что предлагает Коля Гоше?

153. Что Гоша ему на это отвечает? Что это значит?

154. Опишите финальную сцену фильма.

6.9 Расскажите об эпизоде

Выберите один или два эпизода из фильма (задание 6.8) и подробно расскажите о них, используя лексику эпизодов и подходящие по смыслу союзы: *сначала; после этого; потом; перед тем как; после того как; в то же время; в то время как; пока; когда; в это время; а; но.*

6.10 Реплики из фильма

Кто, кому и когда это говорит?

1. Какое общежитие? Это наша бабушка шутит. К нам вчера гости из Новосибирска приехали, так она нашу квартиру общежитием стала называть.

2. Гляжу я на них. Такая тоска берёт. Сначала будут копить на телевизор, потом на стиральную машину, потом холодильник купят.

3. А интересная у нас с тобой встреча получается. А ты, оказывается, героиня труда.

4. –Я сама во всём виновата. Сама и отвечать буду. – Ну, нет. Отвечать будут те, кому положено.

5. Так что попрошу вас нам больше не звонить с вашими дурацкими угрозами.

6. В конечном счёте, одинокий человек неполноценно трудится. У него голова забита совершенно другими проблемами.

7. Я столько раз представляла себе эту нашу встречу! А вот встретились и сказать-то нечего.

8. Со временем телевидение перевернёт жизнь человечества. Не будет ни книг, ни газет, ни театра, ни кино.

9. У вас все вещи на месте? Вы хорошо смотрели?

10. Как долго я тебя искала!

6.11 Головоломка

Используя по одному слогу из каждой колонки, найдите здесь слова из списка в 6.8. Начало каждого слова дано в первой колонке.

ЗА	ГЛА	НОК
РЕ	ЗРЕ	ПАТЬ
ОБ	ДИ	НИК
ДЕ	МИТ	ДАТ
БУ	ЗВО	НУТЬ
ПРЕД	БЁ	ШИТЬ
ЛИ	РЕ	ЧИК
ПРИ	СЫ	СИТЬ
КАН	МА	ВНЯ
ПО	ДИЛЬ	НИТЬ
РА	ЛА	ГАТЬ

6.12 Кроссворд

Слово по вертикали:

Катя самостоятельная и независимая. Она сама _____ в том, как наладить свой станок на фабрике.

Слова по горизонтали:

- Катя надеялась поступить в институт, но _____(3)_____ экзамен.

- Когда мать Рудольфа узнала, что Катя _____(5)_____, она _____(1)_____ Кате деньги, но Катя отказалась от такой помощи.

- Людмила _____(2)_____ жизни знаменитых людей.

- Чтобы привлечь внимание какого-нибудь кандидата наук, Людмила старалась хорошо _____(4)_____.

- Хотя Сергей и Людмила разошлись, Сергей пришёл к ней, чтобы _____(11)_____ денег.

- До встречи с Гошей Катя встречалась с _____(7)_____ мужчиной.

- Чтобы Катя и Александра могли поближе узнать Гошу, он _____(6)_____ их на пикник.

- По мнению Гоши, в семье муж должен быть выше жены по _____(8)_____.

- Когда Родион пришёл к Кате, чтобы увидеть свою дочь, он совершенно случайно выдал Катин _____(10)_____.

- Непонятно, как Коле удалось найти Гошу так быстро. Ведь Катя не знала ни адреса, ни _____(9)_____ Гоши.

6.13 Сцены из фильма

Напишите о сцене, которая…

а)   больше всего вам понравилась;

б)   кажется вам самой смешной;

в)   по вашему мнению, является кульминационной сценой фильма;

г)   кажется вам наименее важной, потому что она ничего не добавляет к развитию сюжета.

Эти слова помогут вам выразить ваше мнение. Расширенный список подобных слов и выражений вы найдёте на странице 183.

В конце концов	Одним словом
В отличие от	По мнению (кого?)
Вместо того, чтобы	По следующим причинам
Во-первых, ... Во-вторых,... В-третьих,...	По сравнению с тем, что
Дело в том, что	Поскольку
Для того, чтобы	После того, как
Если	После этого
Если бы	Потому (,) что
Значит	Поэтому
Из-за того, что...	Прежде всего
К сожалению	При условии, что
Кажется	С одной стороны...., с другой стороны...
Когда	С точки зрения (кого?)
Кроме того, что	Судя по тому, что
Например	Так как
Несмотря на то, что	Таким образом
Но	Тем не менее
Однако	Хотя

6.14 Сценаристы и актёры

Напишите и разыграйте в классе сцену, которой нет в фильме. Например, Рудольф приходит к Кате, чтобы познакомиться со своей дочерью. Или Рудольф подаёт в суд, чтобы восстановить отцовские права. В сцене участвуют Рудольф, Катя, Александра, адвокаты и судья.

6.15 Напишите

1.   Напишите продолжение фильма. Будут ли Катя и Гоша счастливы вместе?

2.   Была ли Катя права, что не сказала Рудольфу о том, что у него есть дочь?

3.   Бывает ли любовь с первого взгляда и на всю жизнь?

4.   Как вы понимаете название фильма?

6.16 Перевод

- Прочитайте разговор между Катей и Рудольфом.
- Перепишите его в косвенной речи.
- Переведите на идиоматичный английский.

(*Катя*)- Привет.

(*Рудольф*)- Здравствуй. (*Протягивает Кате цветы.*)

(*Катя*)- Спасибо. Ты один, без мамы?

(*Рудольф*)- Мама умерла восемь лет назад.

(*Катя*)- Прости. А что ты хочешь?

(*Рудольф*)- Я хочу видеть свою дочь.

(*Катя*)- Зачем? Ты прекрасно жил без неё все эти годы.

(*Рудольф*)- Я же не знал о её существовании!

(*Катя*)- Не знал или не хотел знать?

(*Рудольф*)- А ты переменилась, Катерина. Раньше ты не была такой жестокой.

(*Катя*)- Учителя хорошие были.

(*Рудольф*)- Да брось ты, Катерина. Я вот, наоборот, последнее время счастливым хожу, оттого что теперь у меня есть дочь.

(*Катя*)- Заметь, взрослая уже дочь. Воспитывать не надо, ночами не спать, когда болеет, между лекциями в институте в детский садик не надо бегать.

(*Рудольф*)- Знаешь, Катя, если я в чём-то был виноват перед тобой, бог меня уже наказал, так что ты особенно не старайся. Как-то по-дурацки жизнь прошла. Всё казалось не живу, а так, черновик пишу. Ещё успею набело. Два раза женат был. Одна жена от меня сбежала, от второй я сам ушёл. А сейчас оглянулся, ни жены, ни детей, да и друзей настоящих и то не нашёл.

(*Катя*)- Господи, я столько раз представляла себе эту нашу встречу! А вот встретились и сказать-то нечего. Сначала, я ещё очень тебя любила. Думала, что это мать тебя сбила с толку. Потом я тебя до смерти ненавидела. Потом мне ужасно хотелось, чтобы ты узнал о моих успехах и понял, как ты ошибся. А сейчас, сейчас я думаю, что если бы я не обожглась тогда так сильно, ничего бы из меня не получилось. Я думаю, хорошо, что ты на мне не женился, потому что тогда я бы не встретилась с единственным и очень любимым моим человеком. А ты не грусти, всё ещё будет хорошо. В сорок лет жизнь только начинается, это я теперь точно знаю. Ну, прощай, и, пожалуйста, не звони мне больше.

(*Рудольф*)- Я хочу видеть свою дочь.

6.17 Перевод

Переведите разговор между Катей и Рудольфом на русский. Сравните с разговором в фильме.

(*Rudolf*)- Great. And how can I help?

(*Katya*)- You see… I've already seen a doctor. They say that it's too late and refuse to do anything… So, maybe your mother has some friends… Well, you know…

(*Rudolf*)- Let's not involve my mother in this.

(*Katya*)- Then, what should I do?!

(*Rudolf*)- You should have thought about it earlier.

(*Katya*)- You too.

(*Rudolf*)- You know what… Don't make me out to be the bad guy. I already feel like I'm in some sort of a theatre play: She's expecting a child, and he doesn't want it. He's a villain and she's a saint. Only, we're in a somewhat different situation. It's you who has deceived me. As they say, a broken cup cannot be glued together. So, let's part in a friendly way.

(*Katya*)- O.K. You are probably right. I deserve all this. I am asking you for one favor only … Please help me find a doctor!

(*Rudolf*)- Listen… Here you go again. Where can I find a doctor for you? Tell me, where? After all, it's your female stuff. How can I help here? Go to the clinic at your factory. They are supposed to take care of their workers' health. By the way, we have the best health care system in the world. Well, I'm late for work. Don't cry. Listen, it will all work out. I'll call you, all right? I'm leaving now. Bye.

6.18 Перевод

Переведите текст на идиоматичный русский.

"Moscow Does not Believe in Tears" is a kind of modern fairytale. It is set in 1958, a time when there was a shortage of workers in Moscow. For this reason, young people from beyond Moscow's city limits were able to get permission to live in the city in order to work in the factories. This film follows the lives of three such young women: Tonia, Liudmila and Katia.

Tonia, like the oldest son in a fairytale, chooses an uneventful path. She marries a young man she met at work. We know that they will have children and be content with their life. The second young woman, Liudmila, is too clever. She spends her time and energy trying to meet rich and famous Muscovite bachelors. We can guess that Liudmila, who is searching for a superficially glamorous, exciting life, will be disappointed.

The third woman, Katia, came to Moscow hoping to pass the university examinations. When she failed, she found work in a factory, but only in order to remain in Moscow until she could retake and pass the examinations. She is also looking for love, and as in any good fairytale, she must fail twice before finding her partner in life. The first man she meets fathers her child and then refuses to take responsibility for his actions. The second is a married man who is unlikely ever to leave his wife. But the third man, played by Aleksei Batalov (who played Boris in "The Cranes are Flying"), is a prince. Gosha, his friend tells Katia, has golden hands. He has a golden heart as well, and we can be sure that they will live more or less happily ever after.

6.19 Рекламный ролик

- Напишите сценарий и разыграйте рекламный ролик к фильму (5-7 минут). Ваша задача привлечь зрителя в кино.
- Снимите этот ролик на видео и покажите его в классе.

6.20 Симпозиум

- Напишите ответ на вопрос «Что значит добиться успеха в жизни?».
- Подготовьтесь к обсуждению в классе.

6.21 Рецензия на фильм

Прочитайте и проанализируйте рецензию.

- В чём причина популярности фильма у российских зрителей?
- В чём причина популярности фильма у американских зрителей?

Согласно опросу, проведённому российским телевидением в середине 1990-х годов, зрители неизменно отдавали предпочтение фильмам, созданным в советский период. «Москва слезам не верит» занимал в списке любимых зрителем фильмов третье место.

«Москва» имел необычайный успех в СССР. Во время первых нескольких недель показа в кинотеатрах страны билеты на фильм раскупались мгновенно. Около кинотеатров стояли толпы желающих попасть на фильм. Почему советского зрителя так захватила история главной героини фильма Катерины? Во-первых, потому что в её истории есть некая сказочная черта. А фильмы с сюжетом о Золушке, как правило, пользуются у зрителя необычайной популярностью. История успеха героини Веры Алентовой была рассказана авторами фильма столь правдоподобно, что зритель поверил, что такой путь и впрямь возможен для рядового советского человека. Упорная, настойчивая и бесстрашная Катерина добилась в жизни всего, чего хотела. Казалось, что при наличии таких качеств любой способен достичь успеха. На самом же деле, «Москва» – фильм о «советской мечте», не имеющей никакого основания в действительности. Но пропагандистская сторона фильма, как оказалось, массового зрителя мало волновала.

В США «Москва» имела беспрецедентный успех не только у американских славистов, но и у рядового зрителя, мало знающего о жизни в СССР. Как известно, американцы очень уважают успех. (По этой причине жанр биографии столь популярен среди читающих американцев.) Героиня «Москвы» воплощала собой успех – от бедной, никому неизвестной рабочей на заводе до директора фабрики. Несомненно, что успех фильма в США определило и то, что это история успеха женщины. Вторая причина успеха фильма была политической. Ничто в фильме не напоминало американскому зрителю о рейгановской характеристике СССР как «империи зла». Напротив, зритель увидел обыкновенных и довольно симпатичных советских людей с их очень похожими на американские жизненными проблемами.

6.22 Начинающий кинокритик

Напишите свою собственную рецензию на фильм. Вы можете поместить её на следующие сайты <www.ozon.ru>, <www.bolero.ru>

6.23 Текст песни и аккорды

«Александра»
Музыка: С.Никитин
Слова: Д.Сухарев, Ю.Визбор

   B   Dm   G7
Не сразу всё устроилось, Москва не сразу строилась.
  Cm   D   Gm   Cm F7   B
Москва слезам не верила, а верила любви.
  D7   Gm   G7   Cm
Снегами запорошена, листвою заворожена,
   F7   B   Cm D7   Gm
Найдёт тепло прохожему, а деревцу земли.

(Припев:)
    G7   Cm   Cm7 F   B
Александра, Александра, этот город наш с тобою,
     A7   D7   Em7 A Cm
Стали мы его судьбою, ты вглядись в его лицо.
  D7 Gm   A7   D7   G7
Что бы ни было в начале, утолит он все печали.
    Cm   A7 D7 Gm
Вот и стало обручальным нам Садовое кольцо.

Москву рябины красили,
Дубы стояли князьями,
Но не они, а ясени
Без спросу наросли.
Москва не зря надеется,
Что вся в листву оденется,
Москва найдёт для деревца
Хоть краешек земли.

(Припев:)
Александра, Александра,
Что там вьётся перед нами?
Это ясень семенами
Кружит вальс над мостовой.
Ясень с видом деревенским
Приобщился к вальсам венским.
Он пробьётся, Александра,
Он надышится Москвой.

Москва тревог не прятала,
Москва видала всякое,
Но беды все и горести
Склонялись перед ней.
Любовь Москвы не быстрая,
Но верная и чистая,
Поскольку материнская
Любовь других сильней.

(Припев:)
Александра, Александра,
Этот город наш с тобою,
Стали мы его судьбою,
Ты вглядись в его лицо.
Что бы ни было в начале,
Утолит он все печали.
Вот и стало обручальным
Нам Садовое кольцо.

Глава 7

Осенний марафон

Мосфильм, 1979 г., лирическая комедия, 90 мин., прокат в 1979 г. - 22,3 млн. зрителей

Награды: За участие в фильме «Осенний марафон» режиссёр Г. Данелия и актёры О. Басилашвили, М.Неёлова и Н. Гундарева получили Государственную премию имени братьев Васильевых (1981 г.).

7.1 Несколько слов о фильме

История умного, талантливого, доброго, но бесхарактерного человека. Герой фильма Андрей Бузыкин не умеет никому ни в чём отказать, каждого боится огорчить и, в результате, без конца попадает в трудные и смешные ситуации. Наконец, Андрей принимает решение изменить свою жизнь ... (По материалам из Интернета)

7.2   Над фильмом работали

Режиссёр	Георгий Данелия Режиссёр, сценарист, актёр. Родился 25.08.1930 г. в Тбилиси. Окончил Московский архитектурный институт в 1955 г. В 1958 г. окончил ВРК (Высшие режиссёрские курсы) при "Мосфильме". Народный артист РСФСР (1974 г.). Лауреат Государственной премии РСФСР имени братьев Васильевых за фильм "Осенний марафон" (1981 г.). С 1987 г. - президент и художественный руководитель киностудии "Ритм" киноконцерна "Мосфильм". Снял пятнадцать полнометражных художественных фильмов.
Автор сценария	Александр Володин
Оператор	Сергей Вронский
Художники	Леван Шенгелия, Элеонора Немечек
Композитор	Андрей Петров

7.3   Действующие лица и исполнители

Действующие лица	Исполнители
Андрей Бузыкин	Олег Басилашвили Актёр. Снялся в более сорока фильмах. Родился 26. 09. 1934 г. в Москве. Окончил Школу-студию при МХАТ (1956 г.). Актёр Ленинградского Большого Драматического театра им. Г. Товстоногова. Лауреат Государственной премии РСФСР им. братьев Васильевых за участие в фильме «Осенний марафон» (1981 г.). Народный артист СССР (1984 г.).
Нина (жена Бузыкина)	Наталья Гундарева
Алла (любовница Бузыкина)	Марина Неёлова
Лена (дочь Бузыкина)	Ольга Богданова
Варвара (знакомая Бузыкина)	Галина Волчек
Дядя Коля (сосед Аллы)	Николай Крючков
Василий Игнатьевич (сосед Бузыкина)	Евгений Леонов
Билл Хансен (профессор из Дании)	Норберт Кухинке

Веригин (главный редактор)   Вадим Медведев

Шершавников (коллега Бузыкина   Владимир Матвеев
по институту)

7.4   Кто есть кто? Звёзды кинематографии

Найдите информацию о следующих известных деятелях кинематографии в Интернете
и сделайте сообщение в классе об одном из них. Вы можете проиллюстрировать
свой рассказ клипами из других фильмов, над которыми они работали. (*Совет:
Информацию о многих деятелях российского кино вы можете найти на сайте <www.
mega.km.ru/cinema>. Вы можете также сделать поиск по интересующей вас фамилии
в русскоязычном Google <www.google.com/ru/> или в поисковой системе Yandex
<www.yandex.ru>)

Александр Володин

Андрей Петров

Наталья Гундарева

Марина Неёлова

Галина Волчек

Николай Крючков

Евгений Леонов

7.5   Кто? Где? Когда? 10 вопросов к фильму

1. Где и когда происходит действие в фильме?
2. Кто главные герои? Сколько им лет? Чем они занимаются?
3. Какие отношения у Андрея с женой?
4. Какие отношения у Андрея с Аллой?
5. Где и с кем живёт дочь Андрея и Нины? Куда она уезжает?
6. Кто такой Билл Хансен? Почему он приходит к Андрею?
7. Кто такая Варвара? Почему Андрей ей помогает?
8. В какую ситуацию попадает Билл из-за соседа Андрея?
9. Почему Нина уходит от Андрея?
10. Что изменяется в жизни Бузыкина к концу фильма?

7.6   Что сначала? Что потом?

Расположите предложения в том порядке, в каком произошли события в фильме. Используйте, где уместно, следующие союзы: *потом; когда; после того как; в то время как; в то же время; через какое-то время; через несколько дней / лет; несколько дней спустя.*

- Рано утром Андрей возвращается домой и заявляет Нине, что он был в вытрезвителе.
- Алла заявляет Андрею, что она хотела бы иметь от него ребёнка.
- К Бузыкиным на завтрак приходит переводчик из Дании Билл Хансен.
- Андрей прибегает навестить больную Аллу и остаётся у неё ночевать.
- Андрей и Нина узнают, что их дочь уезжает с мужем на Север.
- Алла звонит Андрею, но услышав голос Нины, молчит.
- Нина уходит от Андрея.
- Пташук передаёт Андрею просьбу Аллы ей больше не звонить.
- Андрей выручает Билла из вытрезвителя.
- Андрей остаётся один.
- Звонит Алла. Возвращается Нина.
- Алле стало плохо с сердцем.
- Андрей опаздывает в аэропорт на проводы Лены и Виктора.
- Андрей, Билл и сосед Андрея идут за грибами.
- Андрей работает над переводом Варвары и забывает, что его ждёт Алла.

7.7   Кадры из фильма и задания к ним

1. Соедините реплики с кадрами.

   А)   – Будем здоровы! – Ваше здоровье! – Тостующий пьёт до дна.

   Б)   – Morning, вы готов? – Готов.

   В)   – Это Евдокимова куртка. Ему мала, а я взял. Может быть, Виктору подойдёт.

   Г)   – Он сказал, что мои переводы лучше, чем твои.

   Д)   – Я перепечатала. Теперь всё получилось. Слушай.

   Е)   – Она сказала, что у вас дружная семья. Что вы живёте душа в душу сто пятьдесят лет.

2. Расположите кадры в хронологическом порядке и кратко расскажите, что происходит в каждом кадре.

3. Конкурс вопросов: задайте как можно больше вопросов к каждому кадру.

4. Опишите отношения между Аллой и Андреем; между Андреем и Ниной; между Андреем и Варварой; между Леной и родителями.

5. Расскажите о второстепенных героях фильма (дядя Коля, Билл Хансен, Василий Игнатьевич, Лена). Дополните описания героев вашими собственными предположениями.

7.8   Сцены. Слова. Вопросы.

Слова, которые помогут вам говорить о фильме

Вопросы:

Андрей и Алла (0:00:50):

Ребёнок

Талантливый

Ждать + кого?

Переменить + что?

Мечтать + о чём?

Согласен, согласна + с кем?

Любовница

1.   О чём мечтает Алла?

2.   Андрей с ней согласен?

Утро у Андрея дома (0:03:50):

Курить

Сидеть на стуле

Сутулиться / ссутулиться

Одет + во что?

Тренировочный костюм

Уставать / устать

Усталый

Улыбаться / улыбнуться + кому?

Притворяться / притвориться

Бодрый

Готов

Иностранец (pl. иностранцы)

Докладывать / доложить + кому? что?

Жена

Будить / разбудить + кого?

Недовольна + чем?

Бегать – бежать / побежать + куда? с кем?

Спать / поспать

3.   Как Андрей встречает своего гостя?

4.   Зачем гость пришел к Андрею?

5.   Опишите Андрея до и после прихода Билла? Как он выглядит? Что делает?

6.   Андрею нравится бегать? Почему он бегает?

7.   Чем недовольна жена Андрея Нина?

Завтрак у Бузыкиных (0:05:20):

Завтракать / позавтракать
Есть / съесть
Звонить / позвонить + кому?
Брать / взять трубку
Бросать / бросить трубку
Оставлять / оставить + что? у кого?
Рукопись
Передавать / передать + кому? что?
Издательство
Молчать
Дышать
Женский голос
Звонить / позвонить через секретаршу
Сердиться / рассердиться + на кого?
Кулинарка = female cook (*colloq.*)
Подозревать + кого? в чём?
Лгать / солгать + кому?
Изменять / изменить + кому? (жене, мужу)
Вмешиваться / вмешаться + во что?
Покупать / купить цветы + кому?
Плохо себя чувствовать / почувствовать

8. Почему Алла молчит, когда Нина берёт трубку?

9. Как реагирует на звонок Нина? Почему?

10. С кем и о чём разговаривает по телефону Андрей?

11. Как Андрей объясняет Нине и Биллу, кто звонил?

12. Откуда Нина знает, что он лжёт?

13. Почему Андрей говорит Биллу, что Нина прекрасная кулинарка?

14. Как Андрей объясняет Биллу, почему Нина себя так ведёт?

15. Почему Билл спрашивает, не лучше ли ему уйти?

16. Что говорит Нина Андрею, уходя на работу?

17. Почему Андрей сердится на Варвару?

Андрей в институте (0:10:20):

Прятаться / спрятаться + от кого?
Подавать / подать руку + кому?
Скотина
Заваливать / завалить + кого?
(Кому?) приходится (+ сделать что?)
   = smb. has to do smth. (*past tense* пришлось)

18. От кого и почему Андрей прячется?

19. Что Андрею приходится сделать?

20. Что это говорит о его характере?

Алла больна́ (0:11:38):

Машини́стка
Изда́тельство
Печа́тать + на чём?
Печа́тная маши́нка
Боле́ть / заболе́ть
Се́рдце (Ей ста́ло пло́хо с се́рдцем)
Лежа́ть / полежа́ть
Дру́жная семья́
Боя́ться + кого/чего?
Огорча́ть / огорчи́ть + кого? чем?
Расстра́ивать / расстро́ить + кого?
    чем?

21. Где и кем работает Алла?
22. Почему Алла не на работе?
23. Что сказал врач?
24. Кто расстроил Аллу? Чем?

Андре́й у гла́вного реда́ктора журна́ла (0:15:02):

Переводи́ть / перевести́ (с англи́йского
    на ру́сский)
Перево́дчик
Поэ́зия
Про́за
Не пойдёт = не полу́чится; не
    подхо́дит
А́втор
Раси́стская статья́
Прогресси́вная обще́ственность
Протестова́ть + про́тив кого/чего?
Печа́тать / напеча́тать + кого/что? где?
(Не) успева́ть / успе́ть
Бе́гать по ба́бам = о мужчи́не, кото́рый
    изменя́ет свое́й жене́ с други́ми
    же́нщинами
Изве́стно + кому?

25. Кто Андрей по профессии?
26. Главный редактор доволен
    переводом Андрея?
27. Почему журнал не может напечатать
    перевод Андрея?
28. Почему главный редактор говорит
    «Ленинград – город маленький»?

Андре́й звони́т домо́й Ни́не (0:16:30):

Заде́рживаться / задержа́ться + где?
У нас ка́федра. = У нас заседа́ние
    ка́федры.
Четве́рг, по четверга́м
Неприли́чно
Ждать + кого?
Повести́ (+ кого?) по места́м
    Достое́вского
Стуча́ть / постуча́ть (в окно́)
Телефо́н-автома́т
Объясня́ть / объясни́ть + кому? что?
Лови́ть / пойма́ть (+ кого?) на лжи

29. Кто ждёт Андрея дома и почему?
30. Как Андрей объясняет Нине, почему
    он задерживается?
31. Как Нина ловит Андрея на лжи?

Андрей возвраща́ется к А́лле (0:17:08):

Коммуна́льная кварти́ра

Приноси́ть / принести́ + кому? что?

Цветы́

Лека́рства для се́рдца ("Корвало́л",
    "Валидо́л")

Корми́ть / накорми́ть + кого? чем?

Голо́дный

Ребёнок

Дочь, до́чка

Похо́жа + на кого?

Броса́ть / бро́сить институ́т

(Не) появля́ться до́ма

Муж

Нала́живать / нала́дить конта́кт + с
    кем?

Офо́рмить отноше́ния = пожени́ться
    (*formal*)

Уе́хать в дере́вню

В ва́шем распоряже́нии = ва́ша

Отде́льная кварти́ра

Снима́ть / снять пиджа́к

Но́вая ку́ртка

Дари́ть / подари́ть + кому? что?

Висе́ть / повисе́ть + у кого?

Обижа́ться / оби́деться + на кого?

Нельзя́

Мо́жно

Звя́кнуть = позвони́ть + кому? куда?

Де́лать / сде́лать вид

Идти́ / пойти́ в туале́т

Открыва́ть / откры́ть во́ду

Мыть / помы́ть ру́ки

Забо́титься + о ком / чём?

32. Где живёт Алла?

33. Как Андрей заботится об Алле?

34. Почему Алла спрашивает Андрея о
    его дочери?

35. Что Андрей рассказывает Алле о
    своей дочери?

36. Кто такой дядя Коля?

37. Зачем он зашёл к Алле?

38. Как давно дядя Коля и Алла знают
    друг друга?

39. В чём Алла не может признаться
    дяде Коле?

40. Почему Алла обижается на Андрея?

41. Что Андрей ей обещает?

42. Что Андрей собирается сделать? Что
    он делает? Почему?

43. Как Алла заботится об Андрее?

«Я никому́ не нужна́...» (0:25:00):

Пря́тать/спря́тать (+ что?) в пиани́но
Балко́н
Оклика́ть / окли́кнуть + кого́?
Стели́ть / постели́ть + кому́? где?
Мал/а́ + кому́?
День рожде́ния (быть на дне рожде́ния
    + у кого́?)
Звони́ть / позвони́ть + кому́? куда́?
Телефо́н не соединя́лся
Не мог пойма́ть такси́
Мосты́ развели́
Улича́ть / уличи́ть + кого́? в чём?
Никому́ я не нужна́
Пла́кать / запла́кать
Покупа́ть / купи́ть
Занаве́ски
У нас свой вкус
Меша́ть / помеша́ть + кому́?
Вытрезви́тель
Рвать / разорва́ть
Выбра́сывать / вы́бросить + что? куда́?

44. Во ско́лько Андрей прихо́дит домо́й?
45. Что он сра́зу пыта́ется сде́лать?
    Почему́?
46. Где в э́то вре́мя нахо́дится Нина? Что
    она́ де́лает?
47. Почему́ Нина говори́т, что она́
    постели́ла Андре́ю на дива́не?
48. Как Андре́й объясня́ет Ни́не, где он
    был всю ночь?
49. Как Ни́на улича́ет Андре́я во лжи?
50. Как Андре́й объясня́ет Ни́не, отку́да
    у него́ ку́ртка?
51. Каку́ю но́вую ложь приду́мывает
    Андре́й?
52. Почему́ Ни́на говори́т, что она́
    никому́ не нужна́?
53. Как Андре́й пыта́ется её уте́шить?
54. Как вы ду́маете, Андре́й лю́бит
    Ни́ну?
55. Что Ни́на де́лает с ку́рткой? Почему́?

Андре́й у до́чери (0:29:26):

Выбира́ть / вы́брать + кого́/ что?
Стара́ться / постара́ться
Нельзя́ быть тако́й эго́и́сткой
Брать / взять
Отдава́ть / отда́ть
Упрека́ть / упрекну́ть + кого́? в чём?
Пове́сить занаве́ски (Пове́сь!)
Верну́ться в институ́т (Верни́сь!)
Доводи́ть / довести́ + кого́? до чего́?

56. Почему́ Ле́на не живёт с
    роди́телями?
57. В чём Андре́й упрека́ет дочь?
58. О чём он её про́сит?
59. Как Ле́на на э́то реаги́рует?

Андре́й звони́т А́лле на рабо́ту (0:30:13):

Бежа́ть к телефо́ну
По́здно
Стуча́ть / постуча́ть (Тут уже́ стуча́т)
Перезвони́ть + кому́?
Де́лать / сде́лать ремо́нт в кварти́ре
Кле́ить / перекле́ить обо́и

60. Как Андре́й объясня́ет А́лле, почему́
    он не мо́жет прийти́?
61. Чем зака́нчивается разгово́р?
    Почему́?
62. Почему́ Андре́й реши́л перекле́ить
    обо́и?
63. Как реаги́рует Ни́на на ремо́нт?

Андрей на занятии (0:33:00):

Преподавать + что? кому?
Придумывать / придумать
Синонимы

64. Что преподаёт Андрей?
65. Какие синонимы глагола «убегать» приводят студенты?
66. Какое отношение это слово имеет к самому Андрею?

Андрей и Алла (0:34:26):

Бросать / бросить + кого?
Расставаться / расстаться + с кем?
Прощаться / попрощаться + с кем?
Всё навалилось
Оправдываться / оправдаться + в чём? перед кем?
Не отходить от телефона
Ждать
Больно (+ кому?)
Не смотреть на дорогу
Грузовик
Шофёр
Останавливать / остановить +кого/ что?
Чуть не попал под машину
Бежать / прибежать на помощь + кому?
Кричать / закричать
Скандал
Устраивать / устроить скандал
Оскорблять / оскорбить + кого?
Ударить + кого?
Прохожий
Вступаться / вступиться + за кого? = защищать / защитить + кого?

67. Сколько дней Андрей и Алла не виделись?
68. Зачем Алла пришла в институт?
69. Как Андрей оправдывается перед Аллой?
70. Андрей говорит Алле правду?
71. Как Алла реагирует на слова Андрея?
72. Как Андрей и Алла расстаются?
73. Почему Алла возвращается?
74. Опишите, что произошло дальше.
75. Как ведёт себя Алла в этой ситуации?
76. Кто и как помогает Алле?

Варвара звонит Андрею (0:38:29):

Просить / попросить (+ кого?) о помощи
(Не) принимать / принять
(Не) соответствовать стилистике
Мне очень худо. = Мне очень плохо. (colloq.)
(По)позже
Гибнуть / погибнуть

77. Редакция не приняла перевод Варвары. О чём Варвара просит Андрея?
78. Андрей соглашается? Почему?

Áлла и Андрей (0:39:20):

Ишáчить на (+ когó?) = рабóтать + за
кого? (*colloq*.)
Будúльник звонúт
Врéмя истеклó. = Врéмя закóнчилось.
Выбрáсывать / вы́бросить + что?

79. Что Алла думает о Варваре?

80. Почему Алла расстроилась? О чём
она просит Андрея?

Áлла и Андрéй идýт в кинó (0:41:09):

Знакóмый
Влюблён + в когó?
Приглашáть / приглóсить + когó? кудá?
Однолюбка = жéнщина, которая
утверждáет, что всегдá бýдет
любúть только одного мужчúну
(однолюб – о мужчúне)
Трепáть / потрепáть + что?
Оставлять / остáвить + когó? где?

81. Как Алла объясняет Андрею, кто
такой Пташук?

82. Как Андрей объясняет Алле, почему
он не носит куртку, которую она ему
подарила?

83. Куда и зачем Алла посылает
Андрея?

84. Что он ей обещает?

Андрéй перевóдит за Варвáру (0:43:53):

«Козá кричáла нечеловéческим
гóлосом» (из перевóда Варвáры)
Бездáрный; бездáрность
Начáть всё зáново
Ждать + когó? где?
Бросáть / брóсить трýбку
Мосты́ развелú
Действúтельно
Мёрзнуть / замёрзнуть

85. Варвара хорошая переводчица?

86. Как долго Андрей работает у
Варвары?

87. Что в это время делает Алла?

88. Кто звонит Варваре? Что она
отвечает?

89. Как Нина и Алла реагируют на
звонки Андрея?

Василий Игнатьевич *(0:48:35):*

Сосе́д

Отмеча́ть / отме́тить знако́мство =
выпива́ть / вы́пить за знако́мство

Находи́ть / найти́ + что? где?

Двор, во дворе́

Валя́ться + где?

Выки́дывать / вы́кинуть

Чуть-чуть рука́в порва́лся

Отка́зываться / отказа́ться + от чего?

Вре́дно

Заставля́ть/заста́вить + кого? сде́лать
что?

Пить / вы́пить до дна (рю́мки, бока́ла)

Обижа́ться / оби́деться + на кого? за
что?

Так у нас не поло́жено

Наста́ивать / настоя́ть + на чём?

Обижа́ть / оби́деть + кого? чем?

Тост

Тосту́ющий; тосту́емый

Сиде́ть / посиде́ть

«Хорошо́ сиди́м!»

Нарва́ть корзи́ну грибо́в

Ходи́ть за гриба́ми (по грибы́)

Пое́здка за гриба́ми *(0:57:20):*

(Не) отпуска́ть / отпусти́ть + кого?
куда́?

(Не) реаги́ровать / отреаги́ровать + на
что?

Возмуща́ться / возмути́ться + чем?

Прие́хать (+ куда?) в компа́нии

Наста́ивать / настоя́ть + на чём?

Волево́й

Це́льный

Меня́ го́лыми рука́ми не возьмёшь

Привыка́ть / привы́кнуть к мы́сли

90. Кто тако́й Василий Игнатьевич?

91. Зачем он заходит к Андрею?

92. Во что одет Василий Игнатьевич?
Как он объясняет этот факт?

93. О чём его просит Андрей?

94. Что Василий Игнатьевич предлагает
сделать?

95. Почему Билл не пьёт?

96. Почему Василий Игнатьевич
обрадовался знакомству с Биллом?

97. Кто из троих «тостуемый», а кто
«тостующий»?

98. Куда Василий Игнатьевич
приглашает Билла и Андрея?

99. Что значит «Хорошо сидим!»?

100. Андрей хочет собирать грибы?

101. Что значит «Меня голыми руками не
возьмёшь»? Что Андрей хочет этим
сказать?

Дя́дя Ко́ля и Андре́й (1:00:30):

Забира́ть / забра́ть + что? у кого?

Врать / совра́ть + кому? = лгать / солга́ть + кому?

Ты бы врал в одно́м ме́сте

Хло́потно

Подраба́тывать / подрабо́тать

Выходи́ть / вы́йти за́муж + за кого?

Сча́стлива

Рад

Ви́деть тебя́ не могу́

В отча́янии

Проща́ть / прости́ть + кому? что?; кого? за что?

Проща́ться / прости́ться + с кем?

Принима́ть / приня́ть реше́ние

Скоропали́тельный

Обду́мывать / обду́мать + что?

Реша́ть / реши́ть

Оконча́тельно

102. Почему́ дя́дя Ко́ля забира́ет ключ у Андре́я?

103. Что Алла рассказа́ла дя́де Ко́ле?

104. Алла проща́ет Андре́я?

105. Что она́ собира́ется де́лать?

106. О чём Андре́й про́сит Аллу?

107. Что он ей обеща́ет?

Семе́йные но́вости (1:03:44):

Ты где пропада́ешь? = Ты где был?

Бульва́р, на бульва́ре

Игра́ть в ша́хматы

Уезжа́ть / уе́хать

Улета́ть / улете́ть

Гидро́лог

Шути́ть / пошути́ть

Подпи́сывать / подписа́ть догово́р

На два го́да

Недалеко́ от Се́верного по́люса

Отпуска́ть / отпусти́ть + кого? куда?

Запи́сывать(ся) / записа́ть(ся) на магнитофо́н

На па́мять

Петь / спеть (По́йте!)

Как на поми́нках

Что-нибу́дь повеселе́е

108. Как Андре́й отвеча́ет на вопро́с до́чери о том, где он был?

109. Куда́ и заче́м собира́ются е́хать Ле́на и её муж?

110. Как реаги́рует на но́вость Ни́на?

111. Как реаги́рует на но́вость Андре́й?

112. Заче́м Ле́на про́сит роди́телей записа́ться на магнитофо́н?

113. Почему́ Ле́на прерыва́ет их пе́ние?

114. Каку́ю пе́сню они́ в результа́те запи́сывают?

115. Како́е у всех настрое́ние?

Андре́й выруча́ет Би́лла из вытрезви́теля *(1:08:30)*:

Передава́ть / переда́ть + что? кому?

Не́рвничать + из-за чего?

Сообща́ть / сообщи́ть + что? кому?

Попада́ть / попа́сть + куда?

Вытрезви́тель = a "sobering-up" station

Напива́ться / напи́ться

Замести́ (+ кого?) = арестова́ть (*slang*)

(Не) хвата́ть / хвати́ть (не хвати́ло + чего?)

Дружи́нники = members of people's patrol

Отделе́ние мили́ции

Милиционе́р

(У кого?) помя́тый вид

'Алка́ч' – пра́вильно 'алка́ш' = пья́ница (*slang*)

Отпуска́ть / отпусти́ть + кого? (от)куда?

Выруча́ть / вы́ручить + кого? откуда?

116. Зачем Пташук приходит к Андрею?

117. Зачем Василий Игнатьевич приходит к Андрею?

118. Что случилось с Биллом?

119. О чём Василий Игнатьевич просит Андрея?

120. Почему Василий Игнатьевич нервничает?

121. Что происходит в отделении милиции?

122. В каком состоянии Андрей доставляет Билла в гостиницу?

Прово́ды Ле́ны и Викто́ра *(1:13:06)*:

Торопи́ться + куда?

Опа́здывать / опозда́ть + куда?

Успева́ть / успе́ть + куда?

Улета́ть / улете́ть + куда?

Остава́ться / оста́ться + где? с кем?

Унижа́ться / уни́зиться + перед кем?

Боро́ться + за кого?

Травми́ровать + кого?

Свобо́ден

Боя́ться + кого/чего?

Ве́рить / пове́рить + кому/чему?

Остана́вливать(ся) / останови́ть(ся)

Кля́сться / покля́сться + кем/чем?

Врать / совра́ть + кому? о чём?

Приходи́ть / прийти́ во́время

Дава́ть / дать пощёчину + кому?

Пина́ть / пнуть коро́бку

Кирпи́ч

123. Андрей успел к отлёту самолета?

124. Почему Андрей говорит: «Вот и остались одни»?

125. Что, по словам Нины, Андрей теперь может делать? Почему?

126. Почему Нина говорит, что она боится Андрея?

127. Что неожиданного в словах Нины?

128. Почему Нина плачет и выходит из автобуса?

129. Почему Нина не поверила объяснению Андрея?

Но́вый Бузы́кин? (1:16:55):

Поруча́ть / поручи́ть + кому? что?

Как ты к э́тому отно́сишься?

Рад

У тебя́ со́весть есть?

Сви́нство

Черновики́

Отдава́ть / отда́ть + кому? что?

Мы́ть / помы́ть пол + кому?

Вести́ себя́ по-но́вому

Сарка́зм

Не подава́ть / пода́ть руки́ + кому?

Тебе́ это не идёт

Не дава́ть никому́ никаки́х побла́жек

Перее́хать / переезжа́ть + к кому?

Прия́тель

Уходи́ть / уйти́ + от кого?

Оставля́ть / оста́вить запи́ску + кому?

Включа́ть / включи́ть телеви́зор

Весёлая му́зыка

Танцева́ть

Дви́гать / передви́нуть ме́бель

Отдыха́ть / отдохну́ть

Реша́ть / реши́ть

Гото́в

Суро́вый, суро́во

Винова́тый го́лос (Говори́ть
    винова́тым го́лосом)

Слу́шать + кого?

130. Варваре поручили переводить текст, который мечтал перевести Андрей. Как Андрей реагирует на эту новость?

131. О чём Варвара просит Андрея? Что он ей отвечает?

132. Как Андрей ведёт себя с коллегами? Со студентами?

133. Как вы думаете, что вызвало перемену в поведении Андрея?

134. Что Андрей собирается сделать?

135. Что обнаружил Андрей, когда пришёл домой?

136. В какое настроение привела Андрея записка жены?

137. Что он делает? Как он себя чувствует? Почему?

138. Зачем звонит Алла?

139. Как вы считаете, о чём думают Нина и Алла в этот момент?

140. Как вы думаете, что произойдёт дальше?

7.9   Расскажите об эпизоде

Выберите один или два эпизода из фильма (задание 7.8) и подробно расскажите о них, используя лексику эпизодов и подходящие по смыслу союзы: *сначала; после этого; потом; перед тем как; после того как; в то же время; в то время как; пока; когда; в это время; а; но.*

7.10 Реплики из фильма

Кто, кому и когда это говорит?

1. Тут уже стучат. Я тебе перезвоню.

2. Как бы я хотела, чтобы у нас был ребёнок.

3. Купи цветы… секретарше.

4. А вот у вас в Дании грибные леса есть?

5. Немедленно повесь занавески и вернись в институт.

6. Никому я не нужна. Я всем мешаю.

7. Как только вы решите оформить ваши отношения, я уеду в деревню.

8. У тебя там правда всё?

9. Сейчас мы вас будем записывать.

10. Хорошо сидим.

7.11 Головоломка

Используя по одному слогу из каждой колонки, найдите здесь слова из списка в 7.8. Начало каждого слова дано в первой колонке.

МА	ГОР	СЯ
РА	РА	ВАТЬ
ПЕ	ЯТЬ	ДЕН
УС	ЛИ	СЯ
ЗА	ДИТЬ	ВАТЬ
БУ	РЕ	ФОН
СВО	ЗОР	ВОД
О	БО	ЧАТЬ
СЕР	БЫ	НИК
У	ПЕ	ЧАТЬ
БО	ДИЛЬ	ВАТЬ

7.12 Кроссворд

Слово по вертикали:

В начале фильма Андрей говорит Алле, что он не может _____ свою жизнь.

Слова по горизонтали:

- Андрей _____(1)_____ в институте и _____(2)_____ с английского и датского на русский.

- Алла мечтает о том, чтобы у них с Андреем был _____(3)_____.

- Андрей _____(9)_____ не только Нине и Алле, но и всем вокруг.

- Билл пытался _____(10)_____ от водки, но Василий Игнатьевич настоял на своём.

- Нина сказала Андрею, что она не могла от него уйти, потому что боялась _____(5)_____ дочь.

- Когда Андрей увидел, что Алла была в _____(7)_____, он обещал ей всё обдумать и окончательно _____(4)_____.

- Нина ушла от Андрея, потому что не хотела больше _____(8)_____.

- Ещё не зная о решении Нины, Андрей решил _____(6)_____ жить к приятелю.

7.13 Сцены из фильма

Напишите о сцене, которая…

   а)   больше всего вам понравилась;

   б)   кажется вам самой смешной;

   в)   по вашему мнению, является кульминационной сценой фильма;

   г)   кажется вам наименее важной, потому что она ничего не добавляет к развитию сюжета.

Эти слова помогут вам выразить ваше мнение. Расширенный список подобных слов и выражений вы найдёте на странице 183.

В конце концов
В отличие от
Вместо того, чтобы
Во-первых, ... Во-вторых,... В-третьих,...
Дело в том, что
Для того, чтобы
Если
Если бы
Значит
Из-за того, что...
К сожалению
Кажется

Когда
Кроме того, что
Например
Несмотря на то, что
Но
Однако

Одним словом
По мнению (кого?)
По следующим причинам
По сравнению с тем, что
Поскольку
После того, как
После этого
Потому (,) что
Поэтому
Прежде всего
При условии, что
С одной стороны...., с другой
    стороны...
С точки зрения (кого?)
Судя по тому, что
Так как
Таким образом
Тем не менее
Хотя

7.14 Сценаристы и актёры

Напишите и разыграйте в классе сцену, которой нет в фильме. Например, Нина узнаёт, где живёт Алла, и решает выяснить с ней отношения. У Аллы она застаёт Андрея и дядю Колю.

7.15 Напишите

1. От имени Нины или Аллы напишите письмо в стиле «Dear Abby» («Дорогая Маша») с просьбой дать совет о том, что им делать в создавшейся ситуации. Обменяйтесь письмами с другими студентами в классе. Напишите ответ от имени рубрики «Дорогая Маша».

2. Напишите продолжение фильма.

3. От имени редакции рубрики «Dear Abby» («Дорогая Маша») объясните Андрею, как он попал в подобную ситуацию, и посоветуйте, как ему жить дальше.

4. Авторы фильма назвали его «печальная комедия». Что вам кажется в фильме смешным и что кажется печальным?

7.16　Перевод

- Прочитайте разговор между Аллой, Андреем и дядей Колей.

- Перепишите его в косвенной речи.

- Переведите на идиоматичный английский.

(Стук в дверь.)

(Дядя Коля)- Можно?

(Алла)- Да, можно, дядя Коль.

(Дядя Коля)- Ну, как ты, сердечница?

(Алла)- Уже лучше.

(Дядя Коля)- Здравствуйте, Андрей Павлович.

(Андрей)- Здравствуйте, Николай Васильевич.

(Дядя Коля)- Ведь вот до чего себя довела. Всё нервы, нервы.

(Алла)- Дядя Коль, пусть Андрей Павлович поест, а то он торопится. Его ждёт профессор из Дании.

(Дядя Коля)- А-а, ну кушайте, кушайте.

(Алла)- Ему Андрей Павлович помогает Достоевского переводить.

(Дядя Коля)- Значит, вы датским владеете?

(Андрей)- Не очень. Основной у меня английский.

[…]

(Дядя Коля)- Алла, я вот подумал-подумал... Ведь рано или поздно вы кончите ваши мытарства [= муче́ния] и оформите ваши отношения. Я тогда в деревню уеду. И будет у вас отдельная квартира.

(Алла)- Дядя Коль, ну зачем об этом?

(Дядя Коля)- Андрей Павлович, может я лишнее говорю?

(Андрей)- Ну, почему же лишнее?

(Дядя Коля)- Я хочу, чтоб вы знали, Андрей Павлович... Мы с её отцом корешами [= друзья́] были. Я ей вместо отца.

(Алла)- Дядя Коль, ну прошу же.

(Дядя Коля)- Извините. Не смею вам больше мешать.

(Андрей)- Всего доброго.

7.17　Перевод

Переведите разговор между Аллой и Андреем на русский. Сравните с разговором в фильме.

(After Alla's neighbor left.)

(Alla) - Andrej, please forgive me. But I can't really tell him that you are...

(Andrej) - I understand. Well, I'm off.

(Alla) - Run. But first … Take your jacket off.

(Andrej) - What for?

(Alla) – Because I am asking you to. Turn away. Don't look. Now look. *(Alla has put a sports coat on Andrej.)* Do you like it?

(Andrej) - Very much. Thank you. Why are you spending your money?

(Alla) - I want you to dress fashionably. O.K., now you can go.

(*Andrej*) - Allochka, can I keep it here for now? What am I going to say when I come home?

(*Alla gets silent and turns away from Andrej.*)

(*Andrej*) – Are you offended?

(*Alla*) -No. I do understand that *there* nothing is allowed, while *here* you can do whatever you want. Go now.

(*Andrej*) - I am not going anywhere.

(*Alla*)- Go, go.

(*Andrej*) – Why can't I stay with someone who's sick? I'm going to call and say that I'll be late.

7.18 Перевод

Переведите текст на идиоматичный русский.

The protagonist of "Autumn Marathon," Andrei, is dissatisfied with his life. The main problem is that he has a hard time saying "No." At the beginning of the film, we find out that he is having an affair with a co-worker, that his wife probably knows, and that a professor from Denmark, for some reason called "Bill," has convinced Andrei to meet regularly with him to discuss the translation of Dostoevsky's works. Bill is a hairy, healthy, hippie scholar, and he has talked Andrei into jogging with him before they get down to work. Jogging is the last thing Andrei needs—the camera follows him throughout the film as he runs from one commitment to another, usually late, often disastrously so. From work he runs to his mistress, who would like to have his baby. From her place he runs home. He runs to the drugstore, back to work, over to a colleague's house, back to his mistress's, and home again. At 46, the marathon of life is beginning to wear him down.

The delightful thing about this film is how delicately each of the characters is drawn. The three actors who play Andrei, his wife Nina and his mistress Alla convey all the complexity of their lives. You feel Alla's distress at being involved with a married man at the same time that you understand how her fantasy of marriage with Andrei sustains her. Nina is both exhausted by Andrei's subterfuge and hopeful that he will turn his full attention back to his family. Above all, Andrei shows with his half-measures and indecisiveness, with pseudo-decisions and belligerent actions, how he struggles to gain control of his life and how impossible the task is for him. At the end of the film, Andrei, Nina and Alla have come right back to where they started—Andrei is telling his mistress both "Yes" and "No" on the phone as his wife listens, not knowing what to do.

7.19 Рекламный ролик

• Напишите сценарий и разыграйте рекламный ролик к фильму (5-7 минут). Ваша задача привлечь зрителя в кино.

• Снимите этот ролик на видео и покажите его в классе.

7.20 Симпозиум

• Напишите ответ на вопрос «Хороший ли человек Андрей Бузыкин?».

• Подготовьтесь к обсуждению в классе.

7.21 Рецензия на фильм

- Прочитайте и проанализируйте рецензию:

- Отметьте места, где автор рецензии говорит о сюжете фильма. О чём автор умалчивает?

- Какие слова и выражения особенно ясно показывают мнение автора рецензии о фильме?

Удивительно, что в 1979 году фильм «Осенний марафон» был благосклонно принят советским киноначальством и официальной критикой. Хотя в фильме нет антисоветских намёков, герой фильма Андрей Бузыкин должен был насторожить цензоров. Дело в том, что по традиции в советском кино таких апатичных, «аморальных типов», как Бузыкин требовалось изображать сатирически. В фильме Данелии, напротив, Бузыкин отнюдь не сатирический персонаж. Его привычка лгать легко, без усилий, его беспринципность по отношению к людям вызывают у зрителя скорее жалость, чем презрение. А запутанные любовные отношения, с которыми каждый зритель в той или иной степени может ассоциировать и свою собственную жизненную ситуацию, вызывают скорее грусть и чувство безысходности, чем насмешку над героем.

Если попросить пересказать сюжет «Осеннего марафона», услышишь историю о том, как безвольный мужчина разрывается между своими чувствами к двум женщинам. Но на самом деле эта мелодраматическая часть фильма скорее составляет его фон. На этом фоне рассказывается о современном представителе классического героя русской литературы – «страдающем эгоисте». В галерее таких героев уставший от жизни и апатичный Бузыкин занимает место наравне с Печориным, представителем «потерянного поколения» первой половины 19 века. Но в противоположность лермонтовскому Печорину, авантюристу, легко рискующему своей и чужой жизнью, Бузыкин часто оказывается жертвой собственной доброты. На плечи Бузыкина всё время сваливаются какие-то хлопоты. Поскольку Бузыкин не в силах никому отказать, он давно уже не принадлежит себе. Им распоряжаются семья, любовница, знакомая, сосед и профессор-иностранец. И до поры до времени Бузыкин не сопротивляется, терпеливо исполняя свои обязанности перед каждым из окружающих его людей. Парадоксальность ситуации заключается в том, что, желая творить только добро, Бузыкин никому не в состоянии принести счастья. В 1982 г. в фильме «Полёты во сне и наяву» Олег Янковский создал аналогичный образ уставшего от жизни героя. Герою Янковского трудно жить в окружении людей. Он старается, но любые отношения обречены на разрыв. Бузыкина, напротив, невозможно представить вне отношений с другими людьми. Но отношения эти построены на лжи и страхе, что героя могут уличить в чём-то недостойном, и поэтому не приносят Бузыкину ничего, кроме страдания.

7.22 Начинающий кинокритик

Напишите свою собственную рецензию на фильм. Вы можете поместить её на следующие сайты <www.ozon.ru>, <www.bolero.ru>

7.23 Песня из фильма

Мы едем, едем, едем...
Слова: С. Михалков
Музыка: М. Старокадомский

Мы едем, едем, едем
В далёкие края.
Весёлые соседи,
Счастливые друзья.

Нам весело живётся,
Мы песенку поём,
А в песне той поётся
Про то, как мы живем:

Тра-та-та! Тра-та-та!
Мы везём с собой кота,
Чижика, собаку, Петьку-забияку,
Обезьяну, попугая.
Вот компания какая!
Вот компания какая!

Мы ехали, мы пели
И с песенкой простой
Все вместе, как сумели,
Приехали домой.

Нам солнце вслед светило,
Нас ветер обдувал,
И весело нам было,
И каждый напевал:

Тра-та-та! Тра-та-та!
Мы везём с собой кота,
Чижика, собаку, Петьку-забияку,
Обезьяну, попугая.
Вот компания какая!
Вот компания какая!

КИНОСЛОВАРЬ

Кино́, кинотеа́тр	Movies, movie theater
-Идти́ / пойти́ – ходи́ть в кино́ (Пойдём в кино́!)	-To go to the movies
-Что идёт в кино́?	-What's showing at the movies?
Смотре́ть/ посмотре́ть фильм	To watch / see a film
Снима́ть / снять фильм	To make / shoot a film
-Фильм был снят в 1936-м году	-The film was made in 1936
Сцена́рий	Script
-Писа́ть / написа́ть сцена́рий фи́льма	-To write a script
Получа́ть / получи́ть пре́мию	To receive a prize / an award
Удоста́ивать / удосто́ить пре́мии	To give a prize
-Фильм был удосто́ен пре́мии	-The film was given a prize
Премье́ра фи́льма	Film premiere
Реце́нзия на фи́льм	Review
-Писа́ть / написа́ть реце́нзию	-To write a review
Роль	Part / role
-Игра́ть / сыгра́ть роль (+ кого́?)	-To play a part (of)
-Гла́вная роль (в гла́вной ро́ли / в гла́вных роля́х)	-Leading role(s)
Дубли́ровать	To dub
Субти́тры	Subtitles
Де́йствие происхо́дит ...	The action takes place
Геро́й, герои́ня, геро́и фи́льма	Character(s)
Актёр, актри́са, актёры (изве́стные, малоизве́стные)	Actor, actress, actors (famous, little-known)
Звезда́ экра́на	(Movie) star
Режиссёр (популя́рный, малоизве́стный)	Director (famous, little-known)
Сцена́рист	Script writer
Опера́тор	Cameraman
Дире́ктор	Director of production
Продю́сер	Producer
Худо́жник	Art director
Звукоопера́тор	Sound director
Худо́жественный фильм	Feature film
Короткометра́жный фильм	Short film

Документа́льный фильм	Documentary
Нау́чно-популя́рный фильм	Educational
Мультфи́льм (*colloq.* му́льтик)	Animated film
Фильм поста́влен по (рома́ну, расска́зу, пье́се)	The film is based on (a novel, short story, play)
Экраниза́ция (рома́на, расска́за, пье́сы)	A film version (of a novel, short story, play)
Экранизи́ровать (рома́н, расска́з, пье́су)	To make a film version (of a novel, short story, play)
Фильм-ска́зка	Fairy tale
Остросюже́тный фильм	Action film
Приключе́нческий фильм	Adventure film
Детекти́в	Detective mystery ("Whodunit?")
Фильм у́жасов	Horror movie
Истори́ческая дра́ма	Historical drama
Паро́дия (+ на что?)	Parody
Сати́ра	Satire
Фильм высме́ивает ...	The film pokes fun at ...

Рассказывая о фильме, не забудьте упомянуть ...

- В како́м жа́нре снят фильм?
- Это америка́нский / ру́сский / францу́зский / и т.д. фильм?
- Кто режиссёр фи́льма? Каки́е ещё фи́льмы он / она́ снял/а́?
- Кто в гла́вной ро́ли / в гла́вных роля́х?
- Где и когда́ происхо́дит де́йствие в фи́льме?
- С чего́ начина́ется фильм?
- Как развива́ются собы́тия в фи́льме?
- Чем фильм зака́нчивается?
- Понра́вился ли вам сцена́рий фи́льма?
- Что в фи́льме вам бо́льше всего́ понра́вилось и запо́мнилось?
- Кому́ вы рекоменду́ете посмо́треть э́тот фильм?

Russian-English Vocabulary

Або́рт — abortion
А́втор — author
А́дресное бюро́ — address bureau
Альбо́м с фотогра́фиями — photo album
Арестова́ть I + кого? за что? — to arrest
Аристократи́ческий род — aristocratic family
Арти́ст, арти́стка — actor, actress
Архите́ктор — architect
А́хать I / а́хнуть I — to gasp; to exclaim 'Ah!'

База́р — market
Балко́н — balcony
Ба́нка — can; jar
Ба́ня — bath house
Бара́к — wooden barrack
Батю́шка — priest
Бе́гать I (multidirectional) — to run
Бе́дный — poor
Бежа́ть / сбежа́ть (irregular, unidirectional) + от кого/чего? куда? — to run / to run away from
Бе́женец, бе́женка (pl. бе́женцы) — refugee(s)
Безала́берный — careless
Безбо́жный — godless
Безвку́сица — bad taste; vulgarity
Безда́рный бездарность — dull; mediocre; lack of talent
Безли́кий — faceless, featureless
Безу́мство — madness
Бе́лка — squirrel
Бе́лый — white; бе́лая горя́чка delirium tremens (med.)
Бе́рег — shore; coast; на берегу́ on the shore/coast
Бере́менная — pregnant
Беспоко́иться II + о ком/о чём? — to worry
Бесхара́ктерный — weak; spineless

Бесцеремо́нно — unceremoniously
Биле́т — ticket
Бино́кль — binoculars
Бить I / поби́ть I + кого? чем? за что? — to beat someone up
Благодари́ть II / за что? поблагодари́ть II + кого? — to thank
Благоро́дство — nobleness; generosity
Близнецы́ — twins
Боб — bean
Бога́тый — rich
Бо́дрый — energetic
Бой часо́в — striking of a clock
Боле́ть I / заболе́ть I — to become sick; to fall ill
Бомби́ть II / разбомби́ть II — to bomb
Боре́ц (pl. борцы́) — fighter(s)
Боро́ться I + за кого/что? с кем/чем? — to fight; to struggle
Борт корабля́ — на борту́ корабля́, aboard a ship
Бочо́нок вина́ — a small barrel of wine
Боя́ться II + кого/чего? за кого? — to be afraid of / for
Браву́рная му́зыка — bravura (music.); stirring, energetic music
Брак — marriage; заключи́ть брак (+ с кем?) to marry someone
Брать I / взять I — to take; взять (+кого?) за́ руку to take someone by the hand; взять (+ кого?) в плен to take someone prisoner; взять тру́бку to pick up the phone; взять сло́во (+ с кого?) to take one's word for smth.
Бри́ться I / побри́ться I + чем? — to shave
Бродя́га — tramp; vagabond; drifter

Броня, бронь (colloq.)	official exemption or permission
Броса́ть I / бро́сить II + кого/что?	to throw; to quit; to abandon
Броса́ться I / бро́ситься II + на кого/что? под что?	to throw oneself onto / under smth.; бро́ситься под поезд to throw oneself under the train
Буди́льник	alarm clock
Буди́ть II / разбуди́ть II + кого?	to wake someone up
Буке́т цвето́в	bouquet of flowers
Бума́жный	made of paper
Бунтова́ть I	to revolt; to rebel
Бу́рный	stormy; loud
Буты́лка шампа́нского	bottle of champagne
Бухга́лтер	accountant
Быва́ть I + где? у кого?	to go; to visit
В конце́ концо́в	in the end; after all
В отли́чие от	in contrast to
Ваго́н	(train) car
Ва́жный	important
Валя́ться I + где?	to lie about; to be scattered over the place
Ве́жливый	polite
Ве́ник	birch twigs (used in Russian baths)
Вербова́ть I / завербова́ть I + кого?	to recruit; to enlist
Ве́рить II / пове́рить II + в кого/во что? кому/чему?	to believe (in)
Ве́рность	loyalty; fidelity
Ве́рхний	top; upper
Весёлый	lively; cheerful; весе́лье merry time
Вести́ (I, unidirectional) / повести́ (I, unidirectional) + кого? куда?	to lead
Вести́ I / повести́ (I) себя́ + как?	to behave oneself a certain way
Вестибуля́рный аппара́т	vestibular system (sense of balance)
Ве́шать I / пове́сить II	to hang
Вещь	thing; object
Взгляд	glance; look
Взро́слый	adult; grown up
Взрыв	explosion
Взя́тка	bribe
Ви́деть II / уви́деть II	to see
Ви́лка	fork
Ви́нный по́греб	wine cellar
Винова́т/а + перед кем/чем?	guilty
Винто́вка	rifle
Висе́ть II	to hang; to be suspended
Витри́на	shop window
Вкла́дывать I / вложи́ть II + что? во что?	to put smth. into; вкла́дывать де́ньги to invest money
Включа́ть I / включи́ть II	to turn on
Вкус	taste; Не в моём вку́се not to my taste
Влеза́ть I / влезть I	to climb in
Влюбля́ться I / влюби́ться II + в кого?	to fall in love with
Вме́сте	together
Вме́сто того́, чтобы	instead of
Вме́шиваться I / вмеша́ться I + во что?	to interfere
Вне́шне	outwardly
Внук	grandson
Вну́чка	granddaughter
Во́время	at the right moment; in time
Вода́	water
Води́ть (II, multidirectional) вести́ (I, uni-directional, impf.)	to lead; to take around
Води́ть (II, multi-directional, impf.),	to drive; води́ть маши́ну to drive a car
Воева́ть I + где? с кем?	to fight in a war; to be at war (with)
Вое́нный	military
Возвраща́ться I / верну́ться I + (от)куда?	to come back (to; from)
Во́здух	air
Возду́шная трево́га	air-raid alert/siren
Вози́ться II + с кем/чем?	to be busy with; to fiddle about

Возмуща́ться I / возмути́ться II + чем?	to be outraged; to be indignant; возмуще́ние indignation
Война́, на войне́	war; in a war
Во́йско (pl.войска́)	army (pl.troops)
Вокза́л	train station
Волево́й	resolute; determined
Волнова́ться I + о ком/чём?	to be upset; to worry
Волше́бник, волше́бница	magician; wizard
Во-пе́рвых, ... Во-вторы́х,... В-тре́тьих,...	first(ly)… second(ly)… third(ly)...
Вор	thief
Ворова́ть I / сворова́ть I	to steal
Воротни́к	collar
Во́ск	wax
Воспи́тывать I / воспита́ть I + кого?	to raise someone; воспи́танный well-brought up; with good manners
Восто́рг	delight; быть в восто́рге + от кого/чего? to be delighted
Восхища́ть I / восхити́ть II + кого? чем?	to charm; to enrapture
Впада́ть I / впасть I	to sink into; to lapse into; впасть в депре́ссию to sink into depression
Впечатли́тельный	impressionable
Впуска́ть I / впусти́ть II	to let in
Враг	enemy; "враги́ наро́да" "enemies of the people"
Вражде́бность	hostility
Врач	doctor
Вре́дно	harmful
Вре́мя	time; вре́мя го́да season
Врыва́ться I / ворва́ться I + куда?	to burst into
Вселя́ться I / всели́ться II	to move into (a house/ apartment)

Вска́кивать I / вскочи́ть II	to leap up (into, on to; from)
Вспомина́ть I / вспо́мнить II + кого/что? о ком/чём?	to remember; to recall
Встава́ть I / встать I	to get up; to stand up; встать на коле́ни + пе́ред кем? to kneel down in front of someone
Встреча́ть I / встре́тить II + что? где? у кого? с кем?	to celebrate (holiday)
Встреча́ть I / встре́тить II + кого?	to meet
Встреча́ться I / встре́титься II + с кем?	to date; to meet with
Вта́лкивать I / втолкну́ть I	to push in; to shove in
Вта́скивать I / втащи́ть II	to pull (in, into, up); to drag (in, into, up)
Входи́ть II / войти́ I	to come in
Выбега́ть I / вы́бежать II	to run out; come running out
Выбира́ть I / вы́брать I	to choose
Выбра́сывать I / вы́бросить II	to throw out
Вы́вих (ноги́)	dislocation (of one's ankle or knee)
Выводи́ть II / вы́вести I	to bring out; to remove; вы́вести из терпе́ния to exhaust someone's patience
Вы́глядеть II	to look; to appear
Вы́годный	profitable; вы́годно + кому? to someone's advantage
Выгоня́ть I / вы́гнать II + кого? отку́да?	to kick smb. out; to expel
Выдава́ть I / вы́дать (irregular) + кого? + за кого?	to pass someone off for someone else
Выдава́ть I / вы́дать I (irregular) (+ кого?) за́муж	to give someone in marriage (to)

Выдава́ть I / вы́дать (irregular) секре́т — to give away a secret

Выде́рживать I / вы́держать II — to endure

Вызыва́ть I / вы́звать I — to call; to send for

Выи́грывать I / вы́играть I — to win

Выки́дывать I / вы́кинуть I — to throw out

Выкупа́ть I / вы́купить II + что? у кого? — to buy out

Вылеза́ть I / вы́лезти I + откуда? куда? — to crawl out; to climb out; to get out

Вылета́ть I / вы́лететь II — to leave by plane

Вынима́ть I / вы́нуть I — to take smth. out; вы́нуть по́чту (из почто́вого я́щика) to take the mail out of the mail-box

Выпра́шивать I / вы́просить II + что? у кого? — to solicit / to elicit (by begging)

Выпры́гивать I / вы́прыгнуть I — to jump out of smth.

Выпуска́ть I / вы́пустить II + кого? (от)куда? — to let out; to release

Выраста́ть I / вы́расти I — to grow; to grow up

Выруча́ть I / вы́ручить II + кого? — to help someone out

Вырыва́ть I / вы́рвать I + что? — to pull out; to wrench out; вы́рвать (+ что?) из рук (+ кого?) to snatch smth. out of someone's hands; вы́рвать ёлку с корня́ми to pull a Christmas tree with its roots

Выса́живать I / вы́садить II — to drop someone off; to let someone out

Выселя́ть I / вы́селить II — to evict; вы́селить (+ кого?) из кварти́ры to evict someone from the apartment

Высма́тривать I / вы́смотреть II — to spot; to detect

Высо́кий (вы́ше) — high (higher)

Высо́тный дом — a high-rise building

Высоча́йшая осо́ба — (superlative of высо́кий) the most-honored persona

Выспра́шивать I / вы́спросить II + что? у кого? — to inquire of; to interrogate

Вы́ставка — show; exhibition

Вы́стрел — shot; вы́стрел из пу́шки cannon shot

Выступа́ть I / вы́ступить II — to perform; вы́ступить с ре́чью to make a speech; выступле́ние performance

Вытира́ть I / вы́тереть I — to dry; to wipe; вы́тереть пыль to dust

Вы́ход — exit; way out; у нас нет друго́го вы́хода we have no alternative

Выходи́ть II / вы́йти I — to leave; to go out; to step out; вы́йти за́муж + за кого? to marry someone (about a woman)

Выясня́ть I / вы́яснить II — to clear up; to elucidate; to find out; вы́яснить отноше́ния + с кем? to settle relations with someone; to have an argument or a fight (colloq.)

Вя́заные чулки́ — knitted stockings

Газе́та — newspaper

Гаси́ть II / погаси́ть II — to put out; to turn off; погаси́ть свет to turn the light off

Гастро́ли — tour (of actor or musician)

Гастроно́м — grocery store

Геро́льд — herald; announcer; messenger

Ги́бнуть I / поги́бнуть I — to perish

Гла́вный — main; major

Гла́дить II	to iron; гла́дить оде́жду to iron clothes
Глу́пый	stupid; dumb
Гнать II	to chase; to drive someone away; гна́ться + за кем/чем? to chase; to pursue; to strive (for)
Говори́ть II / сказа́ть I	to say; to tell; поговори́ть по душа́м to have a heart-to-heart talk
Голова́	head; (У меня́) голова́ закружи́лась. I feel dizzy.
Голода́ть I	to starve; голо́дный hungry
Го́лос	voice
Гора́ (pl. го́ры)	mountain(s)
Горди́ться II + кем? чем?	to be proud
Го́рничная	maid
Го́род-куро́рт	resort town
Горячи́ться II / погорячи́ться II	to become too excited or angry
Господи́н (pl. господа́)	gentleman; Mr. (as form of address)
Гостеприи́мство	hospitality
Гость (pl.го́сти)	guest; приходи́ть / прийти́ в го́сти to come as a guest; (быть) в гостя́х +у кого́? to be a guest in someone's house
Госуда́рство	state; госуда́рственный строй state system
Гото́в	ready; prepared
Гото́вить II / пригото́вить II	to prepare; to cook
Гото́виться II / подгото́виться II + к чему?	to get ready for smth.; гото́виться к прихо́ду (+кого́?) to get ready for someone's arrival; гото́виться стать ма́терью to get ready to become a mother
Гра́бить II / огра́бить II	to rob; to plunder
Грандио́зный	tremendous; colossal
Гриб	mushroom
Гро́мко (гро́мче)	loud (louder)
Грош	penny; рабо́тать за гроши́ to work for pennies
Грузи́ть II / погрузи́ть II	to load; грузови́к a truck
Гря́зный	dirty
Губа́	lip
Гудо́к	siren (ship, boat)
Гуля́ть I + с кем?	to go for a stroll; to date smb. (vernac.)
Густо́й	thick; heavy
Дава́ть I / дать I + что? кому́?	to give
Да́вний знако́мый	an old acquaintance
Дар ре́чи	ability to speak; потеря́ть дар ре́чи to lose one's ability to speak
Дари́ть II / подари́ть II + что? кому́?	to give as a gift; дар gift
Да́ча	country house, summer house; е́хать/пое́хать на да́чу to go to the country
Дверь (f.)	door
Дво́йка	"D" (grade)
Двор, во дворе́	(back)yard;in the (back)yard
Де́вушка	a girl; a young woman
Дед (pl.де́ды)	grandfather(s)
Дед Моро́з	Santa Claus (literally, "Father Frost")
Дежу́рить II	to be on duty
Действи́тельно	really; genuinely
Де́йствовать I	to act; to work; to function
Де́лать I / сде́лать I	to do; to make; де́лать предложе́ние + кому́? to propose; де́лать бо́льно + кому́? to hurt someone; де́лать вид to pretend; де́лать замеча́ния to tell someone off
Де́ло в том, что	The thing is…

Делово́й	related to business; practical; business-like; делово́е соглаше́ние + с кем? business agreement	Довози́ть II / довезти́ I	to drive someone to / as far as
		Дово́лен + кем/чем?	satisfied; content
День рожде́ния	birthday; С днём рожде́ния! Happy birthday!	Догова́риваться I / договори́ться II + с кем? о чём?	to agree on smth.
		Догоня́ть I / догна́ть II	to catch up with
Де́ньги	money	Дожида́ться I / дожда́ться I	to be waiting for; to await
Депре́ссия	depression; впада́ть / впасть в депре́ссию to get depressed	Дока́зывать I / доказа́ть I + что? кому?	to prove
Дёргать I / дёрнуть I + за что?	to pull; to tug; to pull out; дёрнуть за верёвку to pull by a rope	Докла́дывать I / доложи́ть II + что? кому?	to report
		Долг	debt
Дере́вня	village; (gen. pl. дереве́нь)	Доноси́ть II / донести́ I + на кого?	to report; to inform; to denounce smb.; доно́счик, доно́счица informer
Держа́ть II / продержа́ть II + кого/что? где?	to keep (someone/smth. somewhere) / to keep for a certain period of time	Доплыва́ть I / доплы́ть I + до чего?	to swim up to / as far as
		Допра́шивать I / допроси́ть II + кого?	to interrogate
Дета́ль (f.)	detail; в дета́лях; дета́льно in details	Допуска́ть I / допусти́ть II	to admit; to allow smth. to happen
Де́тский дом	orphanage; де́тский сад day care	Доро́га	road; route
		До́рого	expensive
Дешёвый	cheap; дешёвка bargain	Достава́ть I / доста́ть I	to obtain; to get
Дичи́ться II + кого?	to be shy of smb.	Доставля́ть I / доста́вить II + что/кого? куда?	to deliver; доста́вить (+ что?) по а́дресу (+ кому?) to deliver smth. to smb.'s address
Дли́нный	long		
Для того́, что́бы	in order to		
Добива́ться I / доби́ться I + чего?	to strive to get smth.; to succeed; доби́ться разреше́ния + на что? to get a permission		
		Досто́ен + кого/чего?	to be worthy of; to deserve
Доброво́лец	volunteer	Дочь (f.)	daughter
До́брый	kind	Драгоце́нности	jewels; precious objects
Добыва́ть I / добы́ть I	to obtain; to gain; to earn; добы́тчик, добы́тчица (in a family) a person who earns the money; a breadwinner	Дразни́ть II	to tease
		Дра́ка	street fight
		Дра́ться I / подра́ться I + с кем?	to fight with
		Дрессирова́ть I	to train animals; дрессиро́вщик, дрессиро́вщица animal trainer
Доверя́ть I / дове́рить II + кого/что? кому?	to trust; to entrust		
Доводи́ть II / довести́ I + кого? до чего?	to bring / take someone to / as far as; довести́ (+ кого?) до отча́яния to drive smb. to despair	Дружи́ть II + с кем?	to be friends with someone; дру́жба friendship
		Духи́	perfume

Душ	shower; приня́ть душ to take a shower
Душа́	soul
Дыра́	hole
Дыша́ть II	to breath
Дя́дя	uncle
Еда́	food
Е́здить (II, multidirectional)	to go by vehicle; to travel to
Ёлка	Christmas tree
Е́сли	if; whether
Есть / съесть (irregular)	to eat
Е́хать (I, unidirectional)	to go by vehicle; е́хать по у́лице to drive along the street
Жале́ть I / пожале́ть I + кого/что? о чём?	to feel sorry for; to regret
Жа́ловаться I / пожа́ловаться I + кому? на кого/что?	to complain to someone about someone / smth.
Ждать I / подожда́ть I + кого/что?	to wait for
Жела́ть I / пожела́ть I + чего? кому?	to wish; to desire
Жена́	wife
Жена́т	married (about a man; жена́ты – about a couple; за́мужем – about a woman)
Жени́ться II / пожени́ться II	to get married (about a couple); жени́ться (impf. and pf.) (+ на ком?) to marry someone (about a man); выходи́ть / вы́йти за́муж to get married (about a woman)
Жени́х	fiancé; groom
Же́нщина	woman; же́нский female
Же́ртвовать I / поже́ртвовать I + чем? для / ради кого?	to sacrifice; to donate
Жест	gesture
Жесто́кий	cruel
Живо́тное	animal
Жи́тель (m.)	resident; dweller
Жить I	to live; жить за чужо́й спино́й to hide behind someone's protection; жизнь life; жив alive
Жре́бий	lot; fate; броса́ть / бро́сить жре́бий to cast lots
Жура́вль (pl. журавли́)	crane(s)
ЗАГС (отде́л за́писи а́ктов гражда́нского состоя́ния)	registry office
Забива́ть (I) го́лову + кому? чем?	to fill someone's head with some usually useless information (colloq.)
Забира́ть I / забра́ть I + кого / что? у кого?	to take away; забра́ть (+ кого?) в а́рмию to draft someone into the army
Забира́ться I / забра́ться I + куда?	to get into; to climb in; to climb on
Заблуди́ться II	to lose one's way
Заболева́ть I / заболе́ть I + чем?	to become sick; to fall ill
Забо́титься II + о ком / чём?	to take care of; забо́та worry; concern for
Забыва́ть I / забы́ть I + кого/что? о ком/чём?	to forget; to leave behind
Зава́ливать I / завали́ть II + кого? что?	to fail someone at an exam; завали́ть (or провали́ть) экза́мен to fail an exam
Зави́довать I / позави́довать I + кому?	to envy
Заво́д	factory; plant
Заводи́ть II / завести́ I	to wind up; to start; завести́ часы́ to start the clock
Завора́чивать I / заверну́ть I + кого/что? во что?	to wrap (up)
За́втракать I / поза́втракать I	to eat breakfast
Заглуша́ть I / заглуши́ть II	to muffle (sound); to jam (radio)

Загля́дываться I / загляде́ться II + на кого/что?	to stare at; to be unable to take one's eyes off	Занима́ться I	to study (to do homework)
За́говор	plot; conspiracy; загово́рщик, загово́рщица conspirator	За́нят/а́ + чем?	busy; occupied (with)
		Запира́ть I / запере́ть I + кого/что? где?	to lock up
Заграни́ца	foreign countries; abroad; заграни́чный foreign	Запи́ска	note
		Запи́сывать I / записа́ть I	to take a note; to write smth. down
Зада́ние	task; assignment	Запи́сывать(ся) I / записа́ть(ся) I + на что	to enroll; to register
Заде́рживаться I / задержа́ться II	to stay too long	Запреща́ть I / запрети́ть II + что? кому?	to forbid
Заду́мываться I / заду́маться I	to ponder over; to brood over		
Заезжа́ть I / зае́хать I + за кем/чем?	to pick someone up (by vehicle)	Заре́зать I	to cut someone's throat; to stab someone to death
Зажига́ть I / заже́чь I	to light (up) (свет - light; све́чи - candles)	Зарпла́та	wages; salary
		Заса́да	ambush
Зака́лывать I / заколо́ть I + кого? чем?	to stab	Заседа́ние	meeting; session; conference; заседа́ние ка́федры department meeting
Зака́нчивать I / зако́нчить II	to finish	Заслоня́ть I / заслони́ть II + кого? чем?	to shield; to protect
Заключа́ть I / заключи́ть II	to conclude; заключи́ть соглаше́ние to sign an agreement; заключи́ть брак to get married	Заставля́ть I / заста́вить II + кого?	to force someone to do smth.
		Засте́нчивый	shy; timid
		Застрели́ть II + кого?	to shoot someone; to kill someone by gunshot
Заключённый	prisoner; convict		
Закрыва́ть I / закры́ть I	to close; to cover; to lock up	Засыпа́ть I / засну́ть I	to fall asleep
Залеза́ть I / зале́зть I + на/под/во что?	to climb (on/under/ into smth.)	Засыпа́ть I / засы́пать I	to fill in; to fill up; засы́пать песко́м to fill up with sand
Замерза́ть I / замёрзнуть I	to freeze		
		Затева́ть I / зате́ять I	to start; to undertake; зате́ять ссо́ру + с кем? to start an argument / fight with someone
Замеча́ть I / заме́тить II	to notice; to remark		
За́мужем	married (about a woman); жена́т married (about a man; жена́ты – about a couple)		
		Затемне́ние	dark material for concealing windows during air raids
Занаве́ски	curtains	Затыка́ть I / заткну́ть I + что? чем?	to plug; to stop up
Занима́ть I / заня́ть I + что? у кого?	to borrow; занима́ть де́ньги + на что? to borrow money for smth.	Заходи́ть II / зайти́ I + куда? к кому?	to stop by; to drop by
		Зачи́слить II	to take smb. on (the team, the staff)
Занима́ть I / заня́ть I + кого? чем?	to keep someone occupied	Защища́ть I / защити́ть II + кого? от кого?	to defend; to protect

Звать I / позва́ть I + кого? — to call; to summon

Звезда́ кино́ — movie star

Звони́ть II / позвони́ть II + кому? куда? — to call (on the phone по телефо́ну); позвони́ть в дверь to ring the door bell

Здоро́вье — health

Земля́ — earth; ground; упа́сть на зе́млю to fall on the ground

Земно́й шар — globe

Зе́ркало — mirror

Зима́ — winter

Знак — sign; mark; token; знак внима́ния token of attention

Знако́миться II / познако́миться II + с кем? — to meet; to get acquainted; знако́мый acquaintance

Знамени́тый — famous

Зна́чит — so; that means

Зола́ — ashes

Золоты́е при́иски — gold mines

Золоты́е ру́ки — golden touch (fig.)

Зри́тель (pl. зри́тели) — spectators; viewers

Зубно́й врач — dentist

Зять — son-in-law; brother-in-law

Игла́, иго́лка — needle; иго́лка с ни́ткой needle and thread

Игра́ть I / поигра́ть I + с чем? на чём? во что? — to play; игра́ть на пиани́но to play the piano

Игру́шка — toy

Идти́ (I, unidirectional, impf.) / пойти́ (I, unidirectional, pf.) — to go on foot, to walk; идти́ пешко́м to walk; идти́ в ра́зные сто́роны to walk in different directions

Изба́ (pl. и́збы) — log house in a Russian village

Избива́ть I / изби́ть I + кого? — to beat someone up

Изве́стный — famous; изве́стно it is known

Извиня́ться I / извини́ться II + пе́ред кем ? за что? — to apologize

Изда́тельство — publishing house

Издева́ться I + над кем? — to treat someone with contempt; to mock

Из-за того́, что... — because (+ verb)

Изменя́ть I / измени́ть II — to change; измени́ть фами́лию to change one's last name; измени́ть жене́ / му́жу (+ с кем?) to cheat on one's spouse

Изменя́ться I / измени́ться II — to change

Изнаси́лование — rape

Изобрета́ть I / изобрести́ I — to invent; изобрета́тель inventor

Изоли́ровать I + кого? от кого? — to isolate

Иллюмина́тор — window (on a ship/boat)

Име́ние — estate

Имени́нник, имени́нница — person celebrating his/her name-day

Иностра́нец, иностра́нка — foreigner

Интересова́ться I / заинтересова́ться I + чем? — to be interested (in)

Иска́ть I / поиска́ть I — to look for, search for; иска́тель приключе́ний adventurous person

Испуга́ться I — to get scared

Истека́ть I / исте́чь I — to expire; to elapse (time); истека́ть кро́вью to bleed profusely

Исчеза́ть I / исче́знуть I (past tense исче́з, исче́зла) — to disappear

К сожале́нию — unfortunately

Каба́к, кабачо́к — tavern

Кадр — frame; за ка́дром off screen

Ка́жется + кому? — It seems

Казни́ть II — to execute; to put to death

Кале́чить II / покале́чить II + кого/что? + кому? что? — to cripple someone; to disable; to ruin; покале́чить жизнь (+ кому?) to ruin smb.'s life

Ка́мень	stone
Кандида́т нау́к	Candidate of Science (a degree)
Каре́та	coach
Карма́нные часы́	pocket watch
Карто́фель, карто́шка	potatoes
Ка́сса	cash register; касси́р cashier
Кача́ться (I) на каче́лях	to swing (on the swings)
Каю́та	cabin (on a ship/boat)
Кварти́ра	apartment
Ки́лька	sprat (fish)
Кирпи́ч	brick
Кла́дбище	cemetery
Кла́няться I / поклони́ться II + кому?	to bow to; to greet
Класть I / положи́ть II	to put; to place
Кле́ить II / накле́ить II	to glue; накле́ить обо́и to put wallpaper up on the walls
Кле́тка	cage
Ключ	key
Кля́сться I / покля́сться I + в чём? кем/чем?	to swear; to vow
Князь	prince
Кова́рный	treacherous; insidious; crafty
Когда́	when
Ко́жа	skin; leather; ко́жаный пиджа́к leather jacket
Коке́тничать I + с кем?	to flirt
Колеба́ться I	to hesitate; to fluctuate; колеба́ния hesitations
Коло́дец	(water) well
Ко́локол	bell
Колыбе́льная	lullaby
Кома́нда	team
Командиро́вка	business trip
Комедиа́нт	comic actor; hypocrite
Коменда́нт	commandant; town major; комендату́ра commandant's office
Комиссова́ть I + кого?	to discharge (from military service)
Коммерса́нт	merchant; business man
Коммуна́льная кварти́ра	communal apartment
Ко́мната	room
Коне́ц	end; в конце́ at the end
Конкуре́нт	competitor; rival
Констру́ктор-люби́тель	amateur designer
Конту́женный	confused; shell-shocked
Конь (m.)	horse
Копа́ть I	to dig
Копи́ть II / накопи́ть II	to save up; to accumulate; накопи́ть де́ньги (+ на что?) to save money for smth.
Кора́бль (m.)	ship
Корзи́на	basket
Корми́ть II / накорми́ть II + кого? чем?	to feed
Коро́бка	box
Коро́ль (m.)	king; короле́вство kingdom
Коро́ткий	short
Космети́ческая ма́ска	beauty mask
Ко́смос	space
Кра́йние обстоя́тельства	exigent circumstances
Кран	tap; faucet; кран с горя́чей / холо́дной водо́й hot / cold water faucet
Красть I / укра́сть I + что? у кого?	to steal
Крести́ть II / окрести́ть II	to baptize
Крёстная	godmother
Кривля́ться I	to behave in an affected manner
Крича́ть II / закрича́ть II	to shout; to scream
Кровь (f.)	blood; идёт кровь it's bleeding; в крови́ bleeding
Кро́ме того́, что	besides (+ verb)
Круг	circle
Кружево́й	lace; lace-like
Кружи́ться II	to whirl; to spin around

Крути́ть II / скрути́ть II	to turn; to twist; скрути́ть ру́ки (+ кому?) to twist someone's arms
Кры́са	rat
Кули́сы	wings (theater); за кули́сами backstage
Купа́льник	women's swimming suit
Купе́	compartment (train)
Ку́пол ци́рка	circus dome
Кури́ть II	to smoke
Куро́рт	resort
Ку́ртка	jacket
Ку́хня	kitchen
Ку́чер	coachman
Ла́вочник	shop-keeper; retailer (obsolete)
Ла́герь (m.)	camp; labor camp
Ла́дить II / пола́дить II + с кем?	to get along with someone
Ла́зить (II, multi-directional, impf.)	to climb; to get into
Ла́ять I / зала́ять I	to bark / start barking
Лгать I / солга́ть I	to tell lies
Лев (pl.львы)	lion(s)
Легкомы́сленный	frivolous; carefree
Лёд	ice
Лежа́ть II / полежа́ть II	to lie down
Лезть (I, uni-directional, impf.)	to climb; to climb into; to get into
Лека́рство	medicine; drug; лека́рство для се́рдца heart medicine
Лес	forest; woods; лесни́чий forest ranger
Ле́стница	stairs; staircase; ladder
Лета́ть (I, multi-directional, impf.)	to fly
Лете́ть (II, uni-directional, impf.) / полете́ть (II, uni-directional, pf.) + куда?	to fly; лете́ть на самолёте to travel by plane
Лётчик-космона́вт	space-pilot
Лечи́ть II / вы́лечить II + кого? чем?	to treat / to cure
Лить I / поли́ть I	to pour
Ли́чный	personal; private
Лиша́ть I / лиши́ть II + кого? кого/чего?	to deprive
Ли́шний	superfluous; extra; more than necessary
Лови́ть II / пойма́ть I	to catch
Ло́дка	boat
Ложи́ться II / лечь I	to lie down; ложи́ться спать to go to bed
Ло́зунг	motto; slogan
Лома́ть I / слома́ть, полома́ть I	to break; говори́ть на ло́маном ру́сском to speak broken Russian
Лома́ться I (impf. only)	to pose; to put on airs; лома́ка poseur
Ло́шадь (f.)	horse
Лук	onions
Люби́ть II / полюби́ть II + кого/что?	to love / to fall in love with
Любова́ться I + кем/чем? на что?	to look at someone/ smth. with admiration
Любо́вница	lover; mistress
Магнитофо́н	tape recorder
Ма́зать I / пома́зать I + что? чем?	to smear with; to grease; пома́зать ра́ну йо́дом to put iodine on the wound
Мал/а́ + кому?	small; tight
Ма́ссовая пе́сня	popular song
Ма́стер на заво́де	foreman / supervisor at the factory / plant
Матро́с	sailor
Ма́чеха	stepmother
Маши́на вре́мени	time machine
Машини́стка в изда́тельстве	typist in a publishing house
Ме́бель (f.)	furniture
Медве́дь (m.)	bear
Ме́дленный	slow
Медсестра́ (pl. медсёстры)	nurse
Ме́лкий	small; shallow; порва́ть на ме́лкие кусо́чки to tear smth. into small pieces

Мелочи́ться II	to be petty (about a person); Не мелочи́сь! Don't be petty!
Мелька́ть I / мелькну́ть I	to show up fast; to flash; мелька́ть (+ у кого?) пе́ред глаза́ми always be in front of someone / right under someone's nose
Меня́ть I / обменя́ть I + кого? на кого?	to exchange
Меня́ть I / поменя́ть I	to change
Мёрзнуть I / замёрзнуть I	to freeze
Ме́рить II / приме́рить II	to try on (a dress пла́тье; a suit костю́м)
Мёртвый	dead
Ме́сто	place; location
Месть (f.)	revenge
Мечта́ть I + о чём?	to dream; to daydream
Меша́ть I / помеша́ть I + кому? чем?	to be in smb.'s way; to interfere
Мешо́к	sack
Мили́ция	police; милиционе́р policeman
Ми́на	mine
Мир	peace; world
Мири́ться II	to make peace with; to make up
Мла́дший	younger
Моги́ла	grave
Моди́стка	fashion designer (obsolete)
Мо́дно	fashionable; in fashion
Мо́жно + кому?	can; may; possible; permitted
Мо́крый	wet
Моли́ться II / помоли́ться II	to pray
Молоде́ть I / помолоде́ть I	to grow young again
Молото́к	hammer
Моло́ть I / намоло́ть I	to grind; to mill
Моло́чный кокте́йль	milk shake
Молча́ть II	to be silent
Моне́та	coin
Моро́женое	ice cream
Моро́з	frost
Москви́ч, москви́чка	Muscovite

Мстить II / отомсти́ть II + кому? чем? за что?	to get back at someone for smth.; to make someone pay for smth.
Муж	husband
Мужска́я обя́занность	man's responsibility
Мужчи́на	man
Музе́й	museum
Мультфи́льм	cartoon
Му́чить(ся) I	to torment (oneself); to suffer; муче́ние torment; suffering
Мысль (f.)	thought
Мыть I / помы́ть I	to wash; мыть ру́ки to wash one's hands; мыть посу́ду to do dishes
Мышь (f.) (pl.мы́ши)	mouse, mice
На́бережная	embankment
Наблюда́ть I + за кем/чем?	to watch; to keep an eye on
Нава́ливаться I / навали́ться II + на кого?	to lean on; to be imposed on smb.; to attack smb.
Награжда́ть I / награди́ть II + кого? чем? за что?	to reward
Надева́ть I / наде́ть I	to put smth. on
Надёжный	reliable
Наде́яться I / понаде́яться I + на кого/что?	to hope for; to rely on
Нажива́ть I / нажи́ть I	to acquire; to amass; нажи́ть состоя́ние to make a fortune
Назва́ние	title; name
Называ́ть I / назва́ть I + кого? кем? как?	to name
Наизу́сть	by heart
Накану́не	on the eve of
Накрыва́ть I / накры́ть I + что? чем?	to cover; накры́ть на стол to set a table
Нала́живать I / нала́дить II	to adjust; to regulate; нала́дить стано́к to adjust a machine tool; нала́дить конта́кт (+ с кем/чем?) to establish a contact with; нала́дчик, нала́дчица adjuster (of machines at the factory)

Налива́ть I / нали́ть I	to pour; to fill up	Ни́щенский	beggarly; miserly
Наме́ренно	on purpose; deliberately	Но	but; and
Напива́ться I / напи́ться I	to get drunk	Новостро́йки	new buildings; new developments
Напомина́ть I / напо́мнить II + кого? что? кому?	to remind of; to resemble	Но́вый год	New Year; нового́дний ве́чер evening of December 31
Наприме́р	for example	Но́мер	number (performance); room (hotel)
Наряжа́ть I / наряди́ть II	to dress up; наряжа́ть ёлку to decorate a Christmas tree	Нос	nose
		Ночь (f.)	night
Наста́ивать I / настоя́ть II + на чём?	to insist on smth.	Ня́ня, ня́нечка	hospital nurse
		Обвиня́ть I /обвини́ть II + кого? в чём?	to accuse
Наступа́ть I	to advance; to begin		
Нау́чно-иссле́довательский институ́т (НИИ)	research institute	Обворо́вывать I / обворова́ть I	to rob
		Обгоня́ть I	to pass; to surpass
Находи́ть II / найти́ I	to find	Обду́мывать I / обду́мать I	to think over
Нача́льник	chief; head; нача́льник це́ха head of division at the factory/plant	Обе́д	lunch
		Обеща́ть I / пообеща́ть I + что? кому?	to promise
Начина́ть I / нача́ть I	to begin; нача́ло beginning	Обижа́ть I / оби́деть II	to offend; to hurt; обижа́ться I / оби́деться II (+ на кого?) to get offended
Неве́ста	fiancee; bride		
Негр, негритя́нка	black man/woman; Negro		
Недоразуме́ние	misunderstanding	Обла́ва	raid; police round-up
Незнако́мый	unknown; unfamiliar; strange	О́блако	cloud
		Облива́ть I /обли́ть I + кого/чем?	to pour smth. over someone
Нейтра́льные во́ды	international waters		
Нелётная пого́да	weather unfit for flying	Обма́нывать I / обману́ть I	to deceive; to lie to
Нельзя́ + кому?	it's impossible; it's not allowed		
		Обме́нивать I / обменя́ть I + кого? на кого/что?	to exchange
Ненави́деть II / возненави́деть II + кого? за что?	to hate		
		Обнару́живать I / обнару́жить II	to find; to find out
Неожи́данно	unexpectedly; suddenly		
Неполноце́нный	inferior; defective	Обнима́ть I / обня́ть I	to hug
Неприли́чно	indecently	Обожа́ть I	to adore
Непутёвый	careless	Обозна́ться I	to take someone for someone else (Я обозна́лся.)
Не́рвничать I + из-за кого/чего?	to be/to feel nervous; to worry; не́рвно nervously		
		Образо́ванный	educated
Несмотря на то, что	despite; in spite of	Обра́тно	back
Нести́ (I, uni-directional, impf.) - носи́ть (II, multi-directional, impf.)	to carry; нести́ (+ кого/что?) на плеча́х to carry on one's shoulders	Обраща́ться I / обрати́ться II + к кому? с чем?	to address; to appeal to; обраще́ние address to; appeal to
Несча́стье	accident; disaster	Обручён, обручена́	engaged
Ни́жний	bottom; lower	Обстано́вка	décor; environment

Обстоя́тельство	circumstance
Обсужда́ть I / обсуди́ть II	to discuss smth.; to talk over
О́бувь	footwear; shoes
Обща́ться I	to socialize
Общежи́тие	dormitory
Объеда́ться I / объе́сться (irregular) + чем?	to overeat
Объявля́ть I / объяви́ть II + что? кому?	to announce
Объясня́ть I / объясни́ть II + кому/что?	to explain; объясне́ние explanation
Объясня́ться I / объясни́ться II + с кем?	to explain oneself to someone; to make oneself clear; объясне́ние в любви́ declaration of love; объясни́ться в любви́ (+ кому?) to declare one's love to someone
Обяза́тельно	without fail; for sure
Огля́дываться I / огляну́ться I	to turn (back) to look at smth.
Огнемёт	flame-thrower (arms)
Ого́нь (m.)	fire
Огорча́ть I / огорчи́ть II + кого? чем?	to upset; to distress
Огра́бить II	to rob; ограбле́ние robbery
Ода́лживать I / одолжи́ть II + что? кому?	to lend
Одева́ться I / оде́ться I	to get dressed; to dress up
Оде́жда	clothes
Одея́ло	blanket; comforter
Одина́ковый	identical (with); same (as)
Одино́кий	lonely; alone
Одна́ко	however
Одни́м сло́вом	in short
Ока́зываться I / оказа́ться I + кем/чем?	to turn out to be
Оклика́ть I / окли́кнуть I	to hail; to call
О́коло + кого/чего?	near; next to

Оконча́тельно	finally; completely
Окруже́ние	encirclement (military); попа́сть в окруже́ние to be encircled/surrounded; environment; surroundings
Опа́здывать I / опозда́ть I	to be late for
Опера́тор	camera man
Опи́сывать I / описа́ть I	to describe
Опознава́ть I / опозна́ть I	to identify
Опо́мниться II (pf. only)	to come to one's senses
Опо́шлиться II	to become vulgar; to debase oneself
Опра́вдываться I / оправда́ться I + в чём? перед кем?	to justify one's actions; to defend oneself; to make excuses
Ора́ть I / заора́ть I	to yell; to scream
О́рден	order; medal; decoration
Орёл	eagle
Ору́жие	weapons; arms
Оскорбля́ть I / оскорби́ть II + кого?	to insult
Остава́ться I / оста́ться I	to stay; to remain
Оставля́ть I / оста́вить II	to leave behind
Остана́вливать I / останови́ть II	to stop
Остана́вливаться I / останови́ться II + где? у кого?	to make a stop; to stay (with smb.)
Осужда́ть I / осуди́ть II + кого? за что?	to blame; to convict; to condemn
Отбива́ться I / отби́ться I	to resist; to repel attacks
Отбира́ть I / отобра́ть I + что? у кого?	to take away from; to confiscate
Отбо́рочные соревнова́ния	trials (sports)
Отврати́тельный	disgusting; abominable
Отдава́ть I / отда́ть I	to give back; to return; отда́ть долг (+ кому?) to pay back a debt
Отделе́ние мили́ции	police station
Отде́льный	separate

Отдыха́ть I / отдохну́ть I	to rest
Отка́зывать I / отказа́ть I + кому? в чём?	to refuse; to deprive someone of smth.
Отка́зываться I / отказа́ться I + от кого? чего?	to refuse; to reject; to disown
Откла́дывать I / отложи́ть II	to postpone
Открика́ться I / откли́кнуться I	to respond to
Открыва́ть I / откры́ть I	to open
Отлича́ться I + от чего?	to differ; отлича́ться друг от дру́га to differ from each other
Отмеча́ть I / отме́тить II	to mark; to record, to celebrate; отмеча́ть пра́здник to celebrate a holiday
Отмы́чка	lock-pick
Относи́ть II / отнести́ I	to take/ to carry smth. somewhere
Относи́ться II / отнести́сь I + к чему? как?	to have an attitude towards; отнести́сь (+ к чему?) положи́тельно / отрица́тельно to have a positive / negative attitude towards
Отноше́ния + между кем?	relations
Отомсти́ть II + кому? за кого/что?	to pay back; to revenge
Отпева́ть I / отпе́ть I + кого?	to read a burial service for someone
Отпла́чивать I / отплати́ть II + за что?	to repay; to pay back (revenge); отплати́ть добро́м to repay for smth. with kindness
Отправля́ть I / отпра́вить II	to send; to mail
О́тпуск	vacation time; в о́тпуске on vacation
Отпуска́ть I / отпусти́ть II + кого? куда?	to let someone go
Отре́зать I / отре́зать I	to cut off
Отрека́ться I / отре́чься I + от кого/чего?	to renounce; to disavow
Отста́вка	dismissal; discharge; resignation
Отступа́ть I / отступи́ть II	to retreat; to step back
Отча́яние	despair
О́тчество	patronymic
Отчисля́ть I / отчи́слить II	to expel
Отъе́зд	departure
Охраня́ть I	to protect; to guard
Оце́нивать I / оцени́ть II	to appraise; to estimate
Оча́г	hearth
Очаро́вывать I / очарова́ть I + кого? чем?	to charm; to enchant
О́чередь + за чем?	a line in a store
Очки́	glasses; в очка́х wearing glasses
Па́дать I / упа́сть I	to fall; to collapse; па́дать на коле́ни to fall on one's knees; па́дать в о́бморок to faint
Па́дчерица	stepdaughter
Па́лец (pl.па́льцы)	finger
Пальто́	coat
Па́мять	memory; подари́ть на па́мять to give smth. as a keepsake/ souvenir
Пансиона́т	sanatorium
Па́ра	couple; pair; Я вам не па́ра. I am not a good match for you.
Парикма́херская	hairdresser's salon
Парохо́д	steamboat
Па́русник	sail; sailboat
Пасту́х	herdsman; shepherd
Патро́н	cartridge
Пе́нсия	retirement; pension/ retirement money; уйти́ на пе́нсию to retire

Переводи́ть II / перевести́ I	to translate from one language into another (e.g., с англи́йского на ру́сский); перево́дчик translator/interpreter; перевести́ часы́ вперёд/наза́д to set a watch/clock forward/back
Передава́ть I / переда́ть I + кого/что? кому?	to pass on
Передава́ться I / переда́ться I	to be hereditary переда́ться по насле́дству
Переда́ча	TV / radio show
Передви́гать I / передви́нуть I	to move; to shift; to rearrange
Переезжа́ть I / перее́хать I + куда? к кому?	to move; переезжа́ть с ме́ста на ме́сто to move around; перее́зд move
Перезвони́ть II + кому?	to call back
Перемени́ть II	to change; перемени́ться to change/to become different
Переми́рие + с кем?	truce
Переноси́ть II / перенести́ I	to carry from one place to another; to endure; to put off
Переноси́ться II / перенести́сь I + куда?	to be carried away (in thought)
Переодева́ться I / переоде́ться I + во что?	to change clothes
Переры́в	break; interim
Переспа́ть II + с кем?	to sleep with someone
Перестава́ть I / переста́ть I	to stop doing smth.; Переста́нь! Stop! Enough!
Переставля́ть I / переста́вить II	to move; to rearrange
Перестре́лка	shooting; exchange of shots/fire
Перо́ (pl.пе́рья)	feather(s)
Пе́сня	song
Песо́к	sand
Петь I / спеть I	to sing
Печа́ль	sadness
Печа́тать I / напеча́тать I + кого/что? где? на чём?	to publish; to type; печа́тная маши́нка typewriter
Печа́ть	seal; stamp
Пи́во	beer
Пиджа́к	sports coat
Пина́ть I / пнуть I	to kick
Писа́ть I / написа́ть I	to write
Письмо́	letter
Пить I / вы́пить I + за кого/что?	to drink to; вы́пить до дна (рю́мки, бока́ла) to drink up; вы́пить (+ с кем?) на брудерша́фт to drink 'Bruderschaft'
Пла́вать (I, multidirectional)	to swim; to sail
Пла́кать I / запла́кать I	to cry; пла́кать го́рько to cry bitterly
Плани́ровать I	to plan
Плати́ть II / заплати́ть II + за что?	to pay for smth.
Плато́к	kerchief; shawl
Пла́тье	dress
Плен	captivity; пле́нные captives; prisoners
Пло́хо	bad; badly
Плыть (I, unidirectional)	to swim; to sail
По мне́нию (+ кого?)	in one's opinion
По сле́дующим причи́нам	for the following reasons
По сравне́нию с тем, что	compared to; in comparison with
Побе́г	escape
Побежда́ть I / победи́ть II + кого?	to win smb. over; побе́да (+ над кем/чем?) victory over someone/smth.
Побла́жка	allowance; indulgence; никаки́х побла́жек (give) no allowances to/no featherbedding
По́вар	cook; chef; по́вар во фло́те ship's cook
Пово́зка	cart; wagon

Повыша́ть I / повы́сить II — to raise; to increase; повыша́ть го́лос (+ на кого́?) to raise one's voice at; повы́сить зарпла́ту (+ кому́?) to raise someone's salary

Погиба́ть I / поги́бнуть I — to perish; to die

Подава́ть I / пода́ть I — to give; пода́ть заявле́ние to file an application

Пода́рок — present, gift

Подбира́ть I / подобра́ть I — to pick up; to choose; to select

Подвене́чное пла́тье — wedding dress

По́дданный — subject

Подде́рживать I / поддержа́ть II — to support; to back up; подде́ржка support

Подзе́мный перехо́д — underground crossing

Подле́ц — scoundrel; villain

Подмета́ть I — to sweep (with a broom)

Поднима́ть I / подня́ть I — to lift; to raise

Поднима́ться I / подня́ться I — to go up; to rise; to get up; подня́ться по ле́стнице to go up the stairs

Подозрева́ть I + кого́? в чём? — to suspect; подозри́тельный suspicious

Подоко́нник — windowsill

Подорва́ться I на чём? — to blow oneself up

Подпи́сывать I / подписа́ть I — to sign; подписа́ть догово́р to sign a treaty/agreement; по́дпись signature

Подполко́вник — lieutenant-colonel

Подпо́льный — underground

Подраба́тывать I / подрабо́тать I — to earn money on the side; to earn a little extra

Подру́га — female friend

Подружи́ться II + с кем? — to become friends with someone

Подска́зывать I / подсказа́ть I + что? кому́? — to prompt; to suggest smth.

Подслу́шивать I / подслу́шать I — to eavesdrop; to overhear

Подсчи́тывать I / подсчита́ть I — to count; to calculate

Поду́чивать I / подучи́ть II + кого́? — to put someone up to smth.

Подходи́ть II / подойти́ I + к чему́? — to fit (Ключ подошёл к две́ри.)

Подъе́зд — entrance (in a building)

По́езд — train

Пожа́р — fire; пожа́рная ле́стница fire escape

Пожела́ние + с чем? — wishing someone smth. (e.g., in congratulations)

Поже́ртвование — donation; contribution

По́здно — late; по́зже later

Поздравля́ть I / поздра́вить II + кого́? с чем? — to congratulate

Пои́ть II / напои́ть II + кого́? чем? — to give someone a drink; to get someone drunk

Пойма́ть (I, pf. of лови́ть) — to catch; пойма́ть такси́ to catch a cab

Пока́зывать I / показа́ть I — to show; to demonstrate; показа́ть (+ кого́?) по телеви́дению to show someone on TV; показа́ть себя́ to prove oneself;

Покида́ть I / поки́нуть I — to leave; to abandon

Поко́нчить II (pf only) + что? с кем/чем? — to put an end to smth.

Покупа́ть I / купи́ть II — to buy

Полива́льная маши́на — watering truck

Полива́ть I / поли́ть I — to water

Поликли́ника — outpatients' clinic

По́лка — shelf; bench

Полко́вник — colonel

По́лный — full of; overweight

Положе́ние — position; situation; status

Положи́тельный — positive; favorable

Получа́ть I / получи́ть II — to receive; to get

Получа́ться I / получи́ться II — to come out; to be the result of

По́льзоваться I + чем? — to use

Поми́нки — funeral repast; wake

Помога́ть I / помо́чь I + кому́? чем? — to help out; to assist; по́мощь help

Помя́тый вид — wrinkled / rumpled look

Понима́ть I / поня́ть I — to understand; to comprehend

Понятие	concept; idea; не иметь понятия (+ о чём?) to have no idea about smth.
Попадать I / попасть I	to get into; to be admitted; попасть в милицию to be taken to a police station; попасть в плен to be taken prisoner; попасть в засаду to be ambushed; попасть под машину to be run over by a car; попасть (+в кого?) to hit/to strike smb.
Поправляться I / поправиться II	to get well
По-прежнему	still; as it was before
Пора	it's time; it is high time; Мне пора. it's time for me to go.
Порваться I	to break off; to tear off
Порог	threshold
Порох	(gun)powder
Портить II / испортить II + что? кому?	to spoil, to ruin
Портфель	briefcase
Поручать I / поручить II + что? кому?	to entrust someone with; to commission someone with/to do smth.
Порыв	impulse
Порядок	order; в порядке in order
Посвятить II + что? кому?	to dedicate to
Посёлок	settlement
Поскользнуться I	to slip
Поскольку	so far as; as far as; inasmuch as
После того, как	after (+ verb)
После этого	after this/that
Последний	last
Пособник	accomplice
Посол	ambassador; посольство embassy
По-старомодному	the old-fashioned way

Посторонний	stranger; outsider
Поступать I / поступить II	to enter; to start; поступить на работу to start a job; поступить в институт to enter a college/school
Постыдный	shameful; disgraceful
Посудомойка	woman who washes dishes in restaurants; dishwasher
Посылать I / послать I	to send; to mail
Потомок	descendant; offspring
Потому (,) что	because
Потоп	flood
Похмелье	hangover; (быть) в похмельи to have a hangover
Похожий	alike; similar
Пощёчина	slap on the cheek
Поэзия	poetry
Поэтому	that is why; therefore
Появляться I / появиться II	to show up; to appear
Прав	right; correct (about a person)
Правила поведения	rules of conduct
Праздник	holiday; festival
Праздновать I / отпраздновать I	to celebrate
Прапорщик	praporschik (intermediate rank approximate to warrant officer); ensign
Превращать I / превратить II + кого? во что?	to turn someone into smth./someone; to convert; to transform
Преграждать I / преградить II	to block (the way)
Предавать I / предать I	to betray
Предлагать I / предложить II + что? кому?	to offer; to suggest
Предсказывать I / предсказать I + что? кому?	to foretell; to prophesy; to predict
Представлять I / представить (II) себе	to imagine

Представля́ть I / представить II + кого? кому?	to introduce; to present to
Предупрежда́ть I / предупреди́ть II + кого? о ком/чём?	to warn someone about someone/smth.
Прежде всего	first of all
Презира́ть I	to despise; to hold smb. in contempt; презре́ние contempt
Прекра́сный	wonderful; great
Прекраща́ть I / прекрати́ть II	to stop smth.; to end; to cease
Преподава́ть I + что? кому?	to teach (a class)
Прерыва́ть I / прерва́ть I	to interrupt
Пресле́довать I	to chase; to follow
Прести́жный	prestigious
Престо́л	throne
Преступле́ние	crime
При усло́вии, что	on condition that
Привлека́ть I / привле́чь I	to attract; to draw; привле́чь к себе́ внима́ние to attract attention to oneself
Приводи́ть II / привести́ I	to bring someone to; привести́ себя́ в поря́док to tidy one-self up; привести́ приме́р to give an example; приводи́ть (+ кого?) в чу́вство to bring someone to his senses
Привози́ть II / привезти́ I	to drive in, to; to bring in, to
Привра́тник	gate-keeper
Привыка́ть I / привы́кнуть I + к кому/чему?	to get used to
Приглаша́ть I / пригласи́ть II + кого? куда?	to invite; пригласи́ть (+ кого?) на обе́д / в го́сти to invite smb. to lunch/to one's home; приглаше́ние invitation
Прида́ное	dowry
Приду́мывать I / приду́мать I	to imagine; to make up
Прие́зд	arrival

Приезжа́ть I / прие́хать I	to arrive
Приём	appointment; reception
Приземля́ться I / приземли́ться II	to land
Признава́ться I / призна́ться I + кому? в чём?	to confess; to admit; призна́ние confession
Прика́зывать I / приказа́ть I + что? кому?	to order; to command; прика́з order; command
Прикла́дывать I / приложи́ть II + что? к чему?	to put smth. to; to apply smth. to
Прили́чный	decent
Принадлежа́ть II + кому/чему? + к чему?	to belong to
Принима́ть I / приня́ть I	to take; to receive; to accept; приня́ть реше́ние to make decision; приня́ть табле́тки to take pills; приня́ть душ to take a shower
Принима́ть I / приня́ть I + кого? за кого/что?	to mistake for; приня́ть (+ кого?) за во́ра to mistake someone for a thief
Приноси́ть II / принести́ I + что? кому?	to bring
Приплю́снутый	flat; flattened
Притворя́ться I / притвори́ться II	to pretend
Приходи́ть II / прийти́ I	to arrive (on foot)
Прихра́мывать I	to hobble; to limp
Прице́ливаться I / прице́литься II + в кого/во что?	to aim at
Причёска	hair style; hair-do
Прия́тель	friend; buddy
Про́бовать I / попро́бовать I	to try; to attempt
Прова́ливать I / провали́ть II	to fail; провали́ть (завали́ть) экза́мен to fail an exam
Прова́ливаться I / провали́ться II	to fall through; to fall in

Проверя́ть I / прове́рить II	to check; to attest
Прови́нция	provinces; depths of the country; провинциа́льный provincial
Проводи́ть II / провести́ I	to spend (time)
Провожа́ть I / проводи́ть II	to see someone off; to accompany; проводи́ть (+ кого?) домо́й на такси́ to take/accompany someone home in a taxi; про́воды farewell; seeing-off
Прогресси́вная обще́ственность	progressive society / public
Прогу́ливать I + кого?	прогу́ливать соба́ку to walk a dog
Прогу́ливаться I / прогуля́ться I + с кем?	to walk; to stroll; to take a walk
Продава́ть I / прода́ть I + что? кому?	to sell
Продешеви́ть II	to sell smth. cheaply
Продолжа́ть I / продо́лжить II	to continue; to go on doing smth.
Про́за	prose
Прои́грывать I / проигра́ть I	to lose
Производи́ть II / произвести́ I	to create; to make; произвести́ фуро́р to cause an uproar
Произноси́ть II / произнести́ I	to say; to utter; произнести́ тост to make a toast
Происходи́ть II / произойти́ I	to occur; to happen
Прокуро́р	public prosecutor
Пронза́ть I / пронзи́ть II	to pierce
Проника́ть I / прони́кнуть I	to get into; to penetrate
Пропада́ть I / пропа́сть I	to disappear; пропа́сть без вести в бою́ to be missing in action

Пропи́сывать I / прописа́ть I + кого? где?	to register at a certain address; прописа́ться to register one's passport at a certain address; пропи́ска residence registration (stamped in passport); Я здесь пропи́сан/а I am registered at this address.
Проси́ть II / попроси́ть II + что у кого? кого о чём?	to ask for; to request; попроси́ть (+ кого?) о по́мощи to ask for help; попроси́ть (+ у кого?) руки́ (+ кого?) to ask for someone's hand (in order to marry someone)
Просто́рный	spacious
Простужа́ться I / простуди́ться II	to catch a cold
Просыпа́ть I / проспа́ть II	to oversleep; to miss
Просыпа́ться I / просну́ться I	to wake up
Протестова́ть I + против кого/чего?	to protest
Про́тивень	roasting pan; baking sheet
Противоесте́ственно	unnatural
Проходи́мец (colloq.)	rogue
Проходи́ть II / пройти́ I + куда?	to pass; to pass through; проходи́ть пра́ктику to do one's practical training
Проща́льный бал	farewell ball
Проща́ть I / прости́ть II + кому? что?; + кого? за что?	to forgive
Проща́ться I / прости́ться II + с кем/чем?	to say goodbye to
Пры́гать I / пры́гнуть I	to jump
Пря́тать I / спря́тать I	to hide someone/something; пря́таться / спря́таться + от кого? где? to hide oneself from someone/something

Психиатри́ческая больни́ца	mental hospital
Пти́ца	bird
Пуга́ться I / испуга́ться I + кого/чего?	to be / to feel frightened (of)
Пуска́ть I / пусти́ть II + кого? куда?	to let smb. go somewhere
Пу́тать I / перепу́тать I + кого/что? с кем/чем?	to confuse; to mix up
Путеше́ствие	journey; voyage; trip
Пу́шка	cannon; gun
Пыта́ться I / попыта́ться I	to try; to attempt
Пьяне́ть I / опьяне́ть I	to get drunk
Пья́ный	drunk
Рабо́тать I + где? кем? над чем?	to work; to have a job; to work on (a project)
Рабо́тница	female worker
Ра́ди + кого?	for the sake of
Ра́доваться I + чему?	to be glad
Разбива́ть I / разби́ть I	to break smth.; to ruin smth.; разби́ться to break (Окно́ разби́лось. The window glass broke.)
Разбира́ться I / разобра́ться I + в чём?	to look into; to examine; to have a good understanding of smth.; разобра́ться (+ с кем?) to beat someone up (colloq.)
Разве́дка	reconnaissance; пойти́ в разве́дку + с кем? to go on reconnaissance with smb.
Разво́д	divorce
Разводи́ть II / развести́ I + что?	to take apart; развести́ мосты́ to raise /to open the bridges
Разводи́ться II / развести́сь I + с кем?	to get divorced
Разга́р	peak; height; в по́лном разга́ре at its height/ peak
Разгово́р	conversation
Раздава́ться I / разда́ться I	to be heard (about a sound)
Раздева́ть I / разде́ть I	to undress someone; раздева́ться / разде́ться to get undressed
Раздража́ться I	to get irritated / exasperated; раздражённо in an irritated / exasperated manner
Разме́р	size; dimension
Размини́ровать I	to remove mines
Размину́ться I + с кем?	to miss; to pass without meeting
Разнима́ть I / разня́ть I	to separate; to take apart
Ра́зница + ме́жду кем/чем?	difference; Кака́я ра́зница ме́жду …? What's the difference between …?
Разнообра́зие	diversity
Разоря́ться I / разори́ться II	to go bankrupt
Разреша́ть I / разреши́ть II + что? кому?	to allow; to give permission; разреше́ние permission
Разруша́ть I / разру́шить II	to destroy
Разрыва́ть I / разорва́ть I	to tear up; разорва́ть на куски́ to rip to pieces
Ра́зум	reason
Разучи́ться II	to forget how to do smth.
Разы́скивать I / разыска́ть I	to look for; to search for
Ра́нить II	to hurt; to wound; ра́неный wounded; ра́на wound
Раси́стский	racist
Раскрича́ться II	to start shouting; to bellow at
Раскрыва́ть I / раскры́ть I	to open up; to disclose; раскры́ть секре́т to disclose a secret
Расска́зывать I / рассказа́ть I	to tell; to narrate; to relate
Расспра́шивать I / расспроси́ть II + кого? о ком/чём?	to question someone about smth.
Расстава́ться I / расста́ться I + с кем?	to part with; to separate with

Расстра́ивать I / расстро́ить II + кого? чем?	to upset; расстра́иваться / расстро́иться to get upset
Расстре́ливать I / расстреля́ть I + кого?	to shoot; to kill
Расти́ I / вы́расти I	to grow up
Растира́ть I / растере́ть I + кого? чем?	to rub; to massage; растере́ть (+ кого?) спи́ртом to rub someone's skin with alcohol
Растра́чивать I / растра́тить II	to waste; to squander; to embezzle
Расходи́ться II / разойти́сь I	to separate; to get divorced
Расхрабри́ться II	to become bold/brave
Расшифро́вывать I / расшифрова́ть I	to decipher; to decode; to interpret
Рвать I / нарва́ть I	to pick (about flowers or fruits)
Рвать I / порва́ть I	to tear; to tear up
Реаги́ровать I / отреаги́ровать I + на что?	to react
Ребёнок	child
Ревнова́ть I / приревнова́ть I + кого? к кому/чему?	to be jealous of
Рейс	flight
Рели́гия	religion
Ре́льсы	rails
Ремонти́ровать I / отремонти́ровать I	to repair; to fix; ремо́нт repair
Репети́ровать I	to rehearse; репети́ция rehearsal
Реша́ть I / реши́ть II	to decide; to solve; реше́ние decision
Реша́ться I / реши́ться II + на что?	to make up one's mind; to bring oneself to do smth
Решётка	railings; bars
Решка	орёл или ре́шка heads or tails
Рискова́ть I + чем?	to risk; рискова́ть жи́знью to risk one's life
Роди́льный дом	maternity hospital
Роди́тели	parents
Роди́ться II	to be born
Ро́дственник	relative
Рожа́ть I / роди́ть II	to give birth
Рожда́емость	birth rate
Рожде́ние	birth
Рома́н + с кем?	(love) affair
Рома́нс	song; romance
Роня́ть I / урони́ть II	to drop
Роя́ль (m.)	grand piano
Руга́ть I + кого? за что?	to scold; to curse
Руга́ться I / поруга́ться I + с кем?	to have an argument; to have a verbal fight
Рука́	hand; arm
Ру́копись	manuscript
Рыда́ть I	to sob
Рыча́ть II / зарыча́ть II + на кого?	to growl; to snarl
Рядово́й	private; soldier
С наступа́ющим!	Greetings! (given on the eve of a holiday)
С новосе́льем!	Happy house-warming!
С одно́й стороны...., с друго́й стороны...	on the one hand..., on the other, ...
С то́чки зре́ния (+ кого?)	from the point of view of
Сади́ться II / сесть I	to sit down; сесть в маши́ну to get in a car
Сажа́ть I / посади́ть II	to seat someone; to put; посади́ть (+ кого?) в тюрьму́ to imprison
Самолёт	airplane
Самолю́бие	self-esteem
Сапо́г (pl.сапоги́)	boot(s)
Сапо́жник	shoemaker
Сарка́стично	sarcastically
Сбега́ть I / сбежа́ть (irregular) + от кого? с кем?	to run away
Сберега́тельная ка́сса	savings bank
Сбо́рный пункт	assembly point
Сбра́сывать I / сбро́сить II	to throw down; сбро́сить (+ кого?) с обры́ва to throw someone off a cliff
Сва́дьба	wedding; сва́дебное пла́тье wedding dress
Сва́таться I / посва́таться I + за кого?	to propose; to ask to marry

Свеча́	candle	Сканда́лить II	to start a row
Свида́ние	date (romantic meeting)	Склоня́ть I /	to win someone over
Сви́нство	fowl; dirty trick	склони́ть II (+ кого?)	
Свисте́ть II /	to whistle	на свою́ сто́рону	
засвисте́ть II		Скобяна́я ла́вка	hardware shop
Свобо́да	freedom	(obsolete)	
Свя́зи	connections; име́ть	Скова́ть I (+ кого?)	to shackle someone
	больши́е свя́зи to	цепя́ми	
	have good	Сковоро́дка	frying pan
	connections	Ско́льзко	slippery
Свя́зываться I /	to contact	Скоропали́тельный	hasty; premature
связа́ться I		Скоти́на	beast; brute (vulgar)
+ с кем/чем?		Скро́мный	modest; humble
Сдава́ть I / сдать I	to return; to take;	Скрыва́ть I / скрыть I	to hide smth. from
	сдава́ть / сдать	+ что? от кого?	someone
	экза́мен to take / to	Сла́бый	weak
	pass an exam; сдать	Сла́вный	nice; kind
	биле́т в ка́ссу to	Следи́ть II + за кем/чем?	to keep an eye on; to
	return a ticket to a		follow; to keep under
	ticket window; сдать		observation
	докуме́нты to file	Слеза́ (pl.слёзы)	tear
	papers	Сле́сарь вы́сшего	metalworker of the
Сде́рживать I / сдержа́ть II	to restrain; to hold	разря́да	highest category
	in check; сдержа́ть	Слон	elephant
	чу́вства to restrain	Служи́ть II	to serve
	one's feelings;	Случа́йно	accidentally; by chance
	сде́рживаться /	Случа́ться I /	to happen; to occur
	сдержа́ться to	случи́ться II	
	restrain oneself	Слу́шать I + кого?	to listen to someone;
Секре́тное зада́ние	secret assignment		слу́шаться (+ кого?)
Семья́	family		to obey someone
Серди́ться II /	to get angry	Слы́шать II /	to hear
рассерди́ться II		услы́шать II	
+ на кого? за что?		Смерть	death
Се́рдце	heart; ей ста́ло пло́хо с	Смета́ть I / смести́ I	to wipe off; смести́ с
	се́рдцем she was		лица́ земли́ to wipe
	sick at heart		off the face of the
			earth
Серьёзный	serious	Смешно́й	funny
Се́тка	screen; string-bag; scale	Смея́ться I /	to laugh
Сжива́ть I / сжить I	сжить (+ кого?) со	посмея́ться,	
	све́ту to oust; to be	засмея́ться I	
	the death of someone		
Сиде́ть II	to sit	Смири́тельная руба́шка	strait-jacket
Си́льный	strong; powerful;	Смотре́ть II /	to look at
	mighty; heavy	посмотре́ть II	
Сирота́	orphan	+ на кого/что?	
Ска́зка	fairy tale; ска́зочный		
	fairy-tale; incredible	Снег	snow
Скаме́йка	bench (in a park)		

Снима́ть I / снять I + кого/что? — to take off; to rent; to shoot (film); снять ко́мнату to rent a room; снять (+ кого/что?) для переда́чи to shoot for a broadcast

Сни́ться II / присни́ться II + кому? — to have a dream

Соба́ка — dog

Собира́ть I / собра́ть I + что? кого? куда? — to gather; to collect; to get someone ready for smth.

Собира́ться I / собра́ться I — to get together

Соблазня́ть I / соблазни́ть II + кого? — to seduce

Соверша́ть I / соверши́ть II — to commit; to perform; соверши́ть преступле́ние to commit a crime

Со́весть — conscience; (моя́) со́весть споко́йна/чиста́ (my) conscience is clear

Сове́товать I / посове́товать I — to advise

Совпада́ть I / совпа́сть I — to coincide with; совпаде́ние coincidence

Совреме́нный — contemporary; modern

Соглаша́ться I / согласи́ться II + с кем/чем? — to agree with

Содержа́ние — content; money allowance; быть на содержа́нии (+ у кого?) to be kept/supported by someone

Содержа́ть II — to support; to keep

Соединя́ться I / соедини́ться II — to join; to become connected

Созна́ние — consciousness; без созна́ния unconscious

Солда́т — soldier

Сон — dream; sleep

Сообража́ть I / сообрази́ть II — to understand; to try to think; (Я) ничего́ не сообража́ю. (I) can't understand what's going on.

Сообща́ть I / сообщи́ть II + что? кому? — to announce; to inform; to communicate; сообще́ние announcement; report

Соотве́тствовать I — to correspond

Соревнова́ние по борьбе́ — wrestling competition

Сосе́д (pl.сосе́ди) — neighbor(s)

Соску́читься II (pf. only) + по кому? — to miss someone

Состоя́ние — fortune

Спа́льня — bedroom

Спаса́ть I / спасти́ I + кого/что? — to save

Спать II — to sleep

Спекта́кль — performance; play

Специа́льность — profession; specialty

Спеши́ть II — to be in a hurry; to rush

Спи́сок — list

Спо́рить II / поспо́рить II + с кем? о чём? — to argue with; спо́рный вопро́с moot point; debatable issue

Спорти́вная ба́за — training camp

Спортсме́н — athlete

Спосо́бный + на что? к чему? — capable of; gifted

Справедли́вый — fair; just

Спуска́ться I / спусти́ться II — to go down

Сраба́тывать I / срабо́тать I — to start working; to start functioning; to work out

Сро́чный — urgent

Срыва́ть I / сорва́ть I — to pick (about flowers or fruits); to tear off; to disrupt

Ссо́риться II / поссо́риться II + с кем? — to quarrel; to squabble; to fall out with

Ста́вить II / поста́вить II — to put; to place

Стака́н — glass

Ста́лкиваться I / столкну́ться I + с кем/чем? — to run into; to collide with; to clash; to be confronted with

Стара́ться I / постара́ться I	to try; to do one's best
Ста́рая де́ва	spinster
Старе́ть I / постаре́ть I	to grow old
Стари́нный	ancient
Ста́рость	old age
Ста́рший	elder; ста́рше по зва́нию senior in (military) rank
Ста́рый	old
Ста́скивать I / стащи́ть II + кого/что? с кого/чего?	to pull off; to drag; стащи́ть (+ кого?) с крова́ти to pull/to drag someone out of bed
Статья́	article
Стели́ть II / постели́ть II + кому? где?	to make the bed for someone
Стена́	wall
Стенгазе́та	wall newspaper
Стенно́й	wall; built-in; стенно́й шкаф built-in closet; стенны́е часы́ wall clock
Стира́ть I / постира́ть I	to wash; to do laundry; стира́льная маши́на washing machine
Стихотворе́ние	poem
Стоя́ть II	to stand
Страна́	country
Стра́шный	awful; terrible; Ничего́ стра́шного. It's all right. It's not a big deal.
Стреля́ть I / вы́стрелить II + в кого/во что?	to shoot at; to fire at; стреля́ть из пистоле́та to fire a pistol
Стро́гий	strict
Стро́ить II / постро́ить II	to build; to construct; строи́тель builder
Стро́йка	construction site
Ступе́ньки	steps (stair)
Стуча́ть II / постуча́ть II	to knock
Стыди́ться II / постыди́ться II + кого/чего?	to be ashamed; Как тебе́ не сты́дно! Shame on you!
Суди́ть II / засуди́ть II + кого? за что?	to judge; to try
Судьба́	fate; destiny
Судя́ по тому́, что	judging by the fact that
Сумасше́дший	crazy; сумасше́дший дом mental asylum
Суро́вый	severe; stern
Суту́литься II / ссуту́литься II	to slouch
Схвати́ть II	to seize; to grab
Сходи́ть II / сойти́ I	to step down; сойти́ с корабля́ на бе́рег to step down from the ship to the ground; сойти́ с ума́ to go insane
Сце́на	scene
Сча́стлив/а	happy
Счёты	abacus; подсчи́тывать на счётах to count smth. using abacus
Счита́ть I + кого? кем? каким?	to count; to calculate; to consider; to regard; to think
Сы́пать I	to pour
Табли́ца умноже́ния	multiplication table
Та́йна	secret
Так как	because; since
Таки́м о́бразом	thus; in this way
Тала́нтливый	talented; gifted
Танцева́ть I + с кем?	to dance
Та́ять I / раста́ять I	to melt; to thaw; та́ет лёд the ice is melting
Телефо́н-автома́т	pay phone
Те́ло	body
Тем не ме́нее	nevertheless
Терпе́ние	patience
Теря́ть I / потеря́ть I	to lose; теря́ть жизнь (+ ра́ди кого/чего?) to die protecting someone/smth.; потеря́ть дар ре́чи to lose one's ability to speak
Тесть	father-in-law (wife's father)
Тётя	aunt
Тёща	mother-in-law (wife's mother)
Типово́й	standard
Толка́ть I / толкну́ть I	to push; to give someone a push
Толпа́	crowd

Толстый	thick; heavy; fat; stout
Торговаться I + с кем? из-за чего?	to haggle over the price; to argue
Торжествовать I	to triumph (over); to rejoice (over, at)
Торопиться II / поторопиться II	to hurry
Тошно	feeling sick (at heart)
Трава	grass; herb
Травмировать I (both impf. and pf.)	to traumatize
Требовать I / потребовать I + что? от кого?	to demand
Трезвый	sober; common-sense (view of smth.)
Тренер	coach; trainer; тренироваться I to train oneself; to practice; тренировка practice
Трепать I	to pull about; to dishevel
Тройка	"C"; "poor" (grade)
Троюродный брат	second cousin
Трубить II / протрубить II	to blow the trumpet
Трусость	cowardice; трус coward
Трюк	trick; stunt
Трясти I / потрясти I	to shake
Туфли на каблуках	high-heel shoes
Тыква	pumpkin
Тыл	rear; глубокий тыл the home front
Тюрьма	prison
Убегать I / убежать (irregular) +от кого/чего?	to run away from
Убивать I / убить I	to kill
Убирать I / убрать I	to take smth.away; to clean
Уборная	dressing-room (theater); lavatory
Увеличивать I / увеличить II	to enlarge; to increase
Уверен/а + в чём?	convinced; sure of
Увлекаться I / увлечься I + кем/чем?	to be carried away (by); to fall for
Уводить II / увести I + кого? куда?	to take away
Увозить II / увезти I	to drive away

Угадывать I / угадать I	to guess / to guess right
Уговаривать I / уговорить II	to persuade; to convince
Угрожать I + кому?чем?	to threaten with
Ударить II + кого? чем? по чему?	to hit
Удариться II + чем? обо что?	to hit; to bump into; удариться головой + обо что? to hit one's head against smth.
Удивляться I / удивиться II + чему?	to be surprised at
Удить рыбу	to fish
Удобный	convenient; comfortable
Уезжать I / уехать I	to leave; to drive away
Ужас	terror; horror
Ужасный	terrible; awful
Узнавать I / узнать I	to find out; to learn; to recognize
Узор	pattern; design
Укладывать I / уложить II	to pack (a bag, etc.)
Украшать I / украсить II	to decorate
Укрощать I / укротить II	to tame; to curb; to subdue; укротитель animal tamer
Улетать I / улететь II	to fly away
Улица	street
Уличать I / уличить II + кого? в чём?	to prove someone guilty of smth.; уличить (+ кого?) во лжи to prove someone a liar
Улыбаться I / улыбнуться I + кому/чему?	to smile at
Уметь I	to be able to; to know how
Умирать I / умереть I	to die
Умолять I + кого?	to beg; to entreat
Умываться I / умыться I	to wash up
Унижаться I / унизиться II + перед кем?	to humiliate oneself
Упрашивать I / упросить II + кого? сделать что?	to beg; to entreat; to persuade
Упрекать I / упрекнуть I + кого? в чём?	to reproach

Упусти́ть II — to miss; упусти́ть возмо́жность / слу́чай to miss the opportunity

Урбаниза́ция — urbanization

Уро́дливый — ugly; deformed; уро́дство ugliness

Успева́ть I / успе́ть I + куда? — to find time to do smth; успе́ть на по́езд / самолёт be in time to catch the train/plane

Успока́ивать I / успоко́ить II + кого? чем? — to calm someone down

Устава́ть I / уста́ть I — to get tired; уста́лый tired

Устра́ивать I / устро́ить II — to arrange; to make; устро́ить сканда́л / дра́ку to make a scene / to get into a fight

Утеша́ть I / уте́шить II — to console

Уха́живать I + за кем? — to look after; to court; уха́живать за ра́неными to look after the wounded

У́хо (pl.у́ши) — ear(s)

Уходи́ть II / уйти́ I + куда? к кому? от кого? — to leave

Уча́ствовать I + в чём? — to participate; to take part

Учи́тель (pl.учителя́) — teacher

Учи́ть II / вы́учить II — to learn; to memorize

Учи́ться II / научи́ться II + у кого? чему? — to learn to do smth.

Фа́брика — factory

Фами́лия — family name; last name

Фа́нты — игра́ в фа́нты game of forfeits

Фейерве́рк — fireworks

Фе́я — fairy

Фикти́вный — fictitious

Фо́кусник — conjurer

Фо́рма — form; uniform

Фотоателье́ — photographer's studio

Хара́ктер — character; personality

Хвали́ть II / похвали́ть II + кого? за что? — to praise

Хвата́ть + кому? чего? — be enough, be sufficient; suffice; (+ кому?) не хва́тит сме́лости (someone) won't have enough courage to do smth.

Хвата́ть I / схвати́ть II — to grab; to seize; to snatch

Хво́рост — brushwood (for fire)

Химчи́стка — dry cleaner

Хиру́рг — surgeon

Хитри́ть II / схитри́ть II — to bluff

Хлопота́ть I — to bustle and hustle about smth.; хло́потно requiring a lot of effort/fuss

Ходи́ть (II, multidirectional, impf.) — to walk; to go

Холостя́к — bachelor

Хорони́ть II / похорони́ть II — to bury

Хотя́ — although

Хохота́ть I / захохота́ть I — to roar with laughter

Храпе́ть II — to snore

Хруста́льный — crystal

Ху́же — worse

Цветы́ — flowers

Це́литься II / прице́литься II + в кого/во что? — to aim at

Целова́ть I / поцелова́ть I + кого? — целова́ть (+ кого?) в щёку to kiss someone on a cheek; целова́ться + с кем? to kiss

Це́льный — sound; balanced (about a person)

Цена́ — price

Це́нный — expensive; valuable

Цепь (f.) — chain

Церемо́ния — ceremony

Церко́вно-славя́нский язы́к — Church Slavonic language

Це́рковь (f.) — church

Цили́ндр — top hat; silk hat

Цирк — circus

Цыга́н, цыга́нка — Gypsy

Часть (f.) — part

Челове́к — man; human being

Чемода́н	suitcase	Ше́я	neck
Чернови́к	rough draft	Шить I / сшить I	to sew
Чёрный	black	Ши́шка	bump
Че́стное сло́во!	Honestly! Upon my word!; дать че́стное сло́во (+ кому?) to give one's word to someone	Шлёпать I / шлёпнуть I	to spank; to smack
		Шофёр	driver; chauffeur
		Шпио́н, шпио́нка	spy; шпиона́ж espionage
Чини́ть II / почини́ть II	to fix; to repair	Шрам + от чего?	scar
Чино́вник	government official; bureaucrat	Што́пать I / заштопать I	to darn; to mend (clothes)
Чи́стить II / почи́стить II	to clean; to peel	Штурва́л	steering wheel (boat)
Чита́ть I / прочита́ть I	to read	Шу́ба	fur coat
Чу́вство	feeling	Шуме́ть II	to make noise
Чу́вствовать I / почу́вствовать I	to feel	Шути́ть II / пошути́ть II	to joke
		Эвакуа́ция	evacuation
		Экскурса́нт	visitor; excursionist
Чу́до	miracle	Экскурсово́д	guide
Чужо́й	strange; unfamiliar; belonging to someone else	Электри́чка	(electric) train
		Электробри́тва	electric razor
		Этике́тка	label
Шака́л	jackal	Юг	South
Шантажи́ровать I	to blackmail; шанта́ж blackmail	Явь	reality
		Ядови́тый	poisonous; venomous; malicious
Ша́риковая ручка	ballpoint pen		
Ша́хматы	chess	Язы́к	tongue; language
Шевели́ть II / пошевели́ть II + чем?	to move; to stir	Я́ма	pit; hole

Expanded List of
Opinion Words and Connectives

**Слова, которые помогут вам оформить ваши
мысли и выразить ваше мнение:**

According to	Согла́сно (+ кому/чему?); По слова́м (+ кого?)
Actually	На са́мом де́ле
After	По́сле (+ чего?); По́сле того́, как (+Verb)
After all	Ведь
Afterwards	Впосле́дствии
Already	Уже́
Although	Хотя́
As a result	В результа́те (+ чего?)
As for	Что каса́ется (+ кого/чего?)
As it turned out	Как оказа́лось
As soon as	Как то́лько
At first... Later…	Снача́ла… Пото́м
At least	По кра́йней ме́ре
At the moment	В настоя́щее вре́мя; Сейча́с
At the same time	В то же (са́мое) вре́мя
Because	Так как (+Verb); И́з-за того́, что (+Verb) *(at the beginning of a sentence)*
Because (of the fact that)	И́з-за (+ кого/чего?); И́з-за того́, что (+Verb)
Before	Пе́ред (+ кем/чем?); До (+ чего?); Пе́ред тем, как (+Verb); До того́, как (+Verb)
Besides	Кро́ме того́
Besides (this/that)	Поми́мо (+ чего?)
Certainly	Коне́чно; Без сомне́ния
Compared with, to	По сравне́нию с (+ кем/чем?)
Consequently	Сле́довательно; В результа́те
Depending on	В зави́симости от (+ чего?)
Despite (the fact that)	Несмотря́ на (то, что ...(+Verb)
Due to (the fact that)	Благодаря́ (+ чему?) (тому́, что (+ Verb)
During	Во вре́мя (+ чего?)
Earlier..; later...	Снача́ла / внача́ле; пото́м / по́зже

Even	Даже
Eventually	В конце́ концо́в
Everything seems to indicate that	Су́дя по всему́
Finally	Наконе́ц
First(ly), second(ly), third(ly), etc.	Во-пе́рвых, во-вторы́х, в-тре́тьих, и т.д.
For instance/For example	Наприме́р
For the following reason(s)	По сле́дующей причи́не (По сле́дующим причи́нам)
Fortunately	К сча́стью
Furthermore	Бо́лее того́
Hence	Отсю́да; Отсю́да сле́дует, что
However	Одна́ко
If	Е́сли
If (it were)	Е́сли бы
In accordance with	В соотве́тствии (+ с чем?)
In addition	В дополне́ние
In comparison with	По сравне́нию с (+ кем/чем?)
In connection with (the fact that)	В связи́ с (+ чем?) (с тем, что ... (+Verb)
In contrast with, to	В противополо́жность (+ кому/чему?); В отли́чие от (+ кого/чего?)
In fact	На са́мом де́ле
In my opinion...	С мое́й то́чки зре́ния; По-мо́ему
In other words	Други́ми слова́ми
In particular	В ча́стности
In short	Коро́че говоря́
In spite of (the fact that)	Несмотря́ на (то, что (+Verb)
In sum	Коро́че говоря́
In that case	В тако́м слу́чае
In the end/in the long run/finally	В конце́ концо́в
In the last minute	В после́дний моме́нт
Inasmuch as	Поско́льку
Indeed	Действи́тельно; В са́мом де́ле
Initially	Внача́ле; Снача́ла
Instead of	Вме́сто (кого/чего?); Вме́сто того́, чтобы (+Verb)
It appears that	Похо́же, что
It follows that	Из э́того сле́дует, что (+Verb)
It is a matter of	Речь идёт о том, чтобы (+Verb)

It looks like	Похо́же на то, что (+Verb)
It means that	Зна́чит
It seems to me	Мне ка́жется
Judging by (something)	Су́дя по (+ чему?)
Judging by the fact that	Су́дя по тому́, что (+Verb)
Just in case	На вся́кий слу́чай
Lastly	И наконе́ц
Later	По́зже; пото́м
Likewise	То́же; та́кже
Meanwhile	Тем вре́менем
Moreover	Бо́лее того́
Most likely	Вероя́тнее всего́
Namely	А и́менно
Needless to say	Не говоря́ уже́ (о том, что)
Nevertheless	Тем не ме́нее
Next	Пото́м; По́сле э́того
No doubt	Без сомне́ния; Коне́чно
No matter how	Как ни (+ Verb)
Nonetheless	Тем не ме́нее
Not only…but (also)	Не то́лько..., но и...
Not to mention the fact that	Не говоря́ уже́ о том, что
Obviously	Очеви́дно
Of course	Коне́чно
On condition that	При усло́вии, что
On the contrary	Наоборо́т; Напро́тив
On the one hand… On the other hand…	С одно́й стороны́, ... С друго́й стороны́, ...
One way or another	Так или ина́че
Otherwise	Ина́че
Point of view	То́чка зре́ния; From my point of view С мое́й то́чки зре́ния...
Provided that	При усло́вии, что
Rather	Скоре́е
Similar to	Подо́бно тому́, как
Since	С тех пор, как
So	Зна́чит
So that	Так что
Soon after	Вско́ре по́сле (+ чего?)
Still	Всё-таки; Ещё

Subsequently	Впосле́дствии; Зате́м; Пото́м
Such as	Тако́й/а́я/ое/и́е, как
Thanks to	Благодаря́ (кому/чему?); Благодаря́ тому́, что (+Verb)
That is	То есть
The point is (that)	Де́ло в том, что
Then	Пото́м; Зате́м
Thereby	Таки́м о́бразом
Therefore	Поэ́тому
Thus	Так; Таки́м о́бразом (*to conclude an argument*)
To begin with	Пре́жде всего́
To conclude	В заключе́ниие
To recapitulate	Кра́тко резюми́ровать
Too	То́же; та́кже
Undoubtedly	Несомне́нно; Без сомне́ния
Unfortunately	К сожале́нию
Unless	Е́сли не (+Verb)
Until	Пока́ не / До тех пор, пока́ не (+Verb)
Until now	До сих пор
When	Когда́
Whenever	Когда́ бы ни; Как то́лько; Когда́
Whereas	Тогда́ как; В то вре́мя как
While	В то вре́мя как; Пока́; По ме́ре того́ как
Without a doubt	Без сомне́ния
Yet	Ещё не

Answers to
Crosswords and Puzzles

ОТВЕТЫ НА КРОССВОРДЫ

1. ЦИРК

Р
Е
П
Е
Т
И
Ц
И
Я

К	**Р**	а	с	н	о	й		п	л	о	щ	а	д	и
р	**Е**	в	н	у	е	т
	П	у	ш	к	и
д	**Е**	м	о	н	с	т	р	а	ц	и	и
ш	а	н	**Т**	а	ж	а
л	ё	т	ч	**И**	к
	н	а	**Ц**	и	о	н	а	л	ь	н	о	с	т	и
р	а	с	**И**	з	м	а
о	б	ъ	**Я**	в	и	т	ь

2. ЗОЛУШКА

Р
А
С
С
Т
Р
О
Е
Н
А

			Р	о	в	е	р	я	л
		о	ч	**А**	р	о	в	а	л	а
	п	р	е	д	**С**	т	а	в	и	л	и
п	е	р	е	н	ё	**С**					
	я	д	о	в	и	**Т**	ы	й			
	п	р	е	в	**Р**	а	т	и	л	а
	з	о	л	**О**	т	ы	е		
	п	о	т	**Е**	р	я	л	а
			Н	а	д	е	т	ь
с	п	р	я	т	а	л	**А**	с	ь

3. ЛЕТЯТ ЖУРАВЛИ

Г
О
С
П
И
Т
А
Л
Е

	п	о	**Г**	и	б	л	и				
			О	к	р	у	ж	е	н	и	е
	б	р	о	**С**	и	т	ь				
			П	о	н	ё	с				
	а	р	х	**И**	т	е	к	т	у	р	н	ы	й
п	о	п	р	о	щ	а	**Т**	ь	с	я		
				р	**А**	з	р	у	ш	е	н
	о	п	о	з	д	а	**Л**	а		
д	о	б	р	о	в	о	л	ь	ц	**Е**	м

4. ИВАН ВАСИЛЬЕВИЧ МЕНЯЕТ ПРОФЕССИЮ

У
П
Р
А
В
Д
О
М

		с	**У**	м	а	с	ш	е	д	ш	и	й			
			П	у	т	е	ш	е	с	т	в	о	в	а	т	ь
и	з	о	б	**Р**	е	т	а	т	е	л	ь			
		о	б	**В**	о	р	о	в	а	т	ь			
		о	б	**А**	к	т	р	и	с	а				
				Д	в	о	р	е	ц					
			с	**О**	н								
		и	з	**М**	е	н	и	л	а				

5. ИРОНИЯ СУДЬБЫ

Р
А
З
Н
О
О
Б
Р
А
З
И
Е
М

п	е	**Р**	е	е	х	а	л	и		
н	р	**А**	в	и	т	с	я			
р	а	**З**	о	р	в	а	л			
п	о	д	**Н**	я	л	а				
		О	б	н	а	р	у	ж	и	л	а
в	ы	г	**О**	д	н	ы	й			
	с	**Б**	е	ж	а	л				
	т	**Р**	а	д	и	ц	и	я		
п	о	й	м	**А**	л	а				
		З	а	в	и	д	у	е	т	
п	о	л	**И**	к	л	и	н	и	к	у
	ц	**Е**	л	о	в	а	т	ь	с	я
		М	е	н	ь	ш	е			

6. МОСКВА СЛЕЗАМ НЕ ВЕРИТ

Р
А
З
О
Б
Р
А
Л
А
С
Ь

п	**Р**	е	д	л	о	ж	и	л	а
з	**А**	в	и	д	у	е	т	л	а
	З	а	в	а	л	и	л	а	
	О	д	е	в	а	т	ь	с	я
	Б	е	р	е	м	е	н	н	а
п	**Р**	и	г	л	а	с	и	л	
ж	е	н	**А**	т	ы	м			
	п	о	**Л**	о	ж	е	н	и	ю
		ф	**А**	м	и	л	и	и	
			С	е	к	р	е	т	
п	о	п	р	о	с	и	т	**Ь**	

7. ОСЕННИЙ МАРАФОН

П
Е
Р
Е
М
Е
Н
И
Т
Ь

п	р	е	**П**	о	д	а	ё	Т			
п	е	р	**Е**	в	о	д	и	т			
			Р	е	б	ё	н	о	к		
		р	**Е**	ш	и	т	ь				
т	р	а	в	**М**	и	р	о	в	а	т	ь
п	е	р	е	**Е**	х	а	т	ь			
о	т	ч	а	я	**Н**	и	и				
	у	н	**И**	ж	а	т	ь	с	я		
		л	ж	ё	**Т**						
о	т	к	а	з	а	т	**Ь**	с	я		

ОТВЕТЫ НА ГОЛОВОЛОМКИ

1. ЦИРК

РЕ	БЁ	НОК
О	ШИБ	КА
ЗРИ	ТЕ	ЛИ
РЕВ	НИ	ВЫЙ
НЕ	СЧАСТ	ЛИВ
АР	МИ	Я
МО	ЛО	ДОЙ
ВЛЮ	БИТЬ	СЯ
ПРО	ШЛО	Е
АКТ	РИ	СА
ОБ	МА	НУТЬ

2. ЗОЛУШКА

ЛЕС	НИ	ЧИЙ
БО	ЯТЬ	СЯ
ТАН	ЦЕ	ВАТЬ
У	БИ	РАТЬ
ПО	ХВА	ЛИТЬ
ВОЛ	ШЕБ	НИК
ХО	ХО	ТАТЬ
УЗ	НА	ВАТЬ
У	ГА	ДАТЬ
ТУ	ФЕЛЬ	КА
ВЛЮ	БИТЬ	СЯ

3. ЛЕТЯТ ЖУРАВЛИ

ОБ	МА	НУТЬ
ИЗ	МЕ	НЯТЬ
ПО	ГИБ	НУТЬ
РАЗ	ВЕД	КА
РАЗ	БОМ	БИТЬ
РА	НЕ	НЫЙ
РЕ	БЁ	НОК
ПО	ВЕСТ	КА
НЕ	ВЕС	ТА
ЗА	ПИС	КА
ПРО	ЩАТЬ	СЯ

4. ИВАН ВАСИЛЬЕВИЧ МЕНЯЕТ ПРОФЕССИЮ

ПО	ТЕ	РЯТЬ
ИЗ	МЕ	НЯТЬ
ЦА	РИ	ЦА
ВЛЮ	БИТЬ	СЯ
О	ГРА	БИТЬ
О	БИ	ЖАТЬ
СЕР	ДИТЬ	СЯ
ПО	ДА	РИТЬ
ПО	ЦЕ	ЛУЙ
ПРЯ	ТАТЬ	СЯ
ПРО	СНУТЬ	СЯ

5. ИРОНИЯ СУДЬБЫ, ИЛИ С ЛЁГКИМ ПАРОМ

ПО	СТРО	ИТЬ
У	ЛЕ	ТЕТЬ
О	ПЬЯ	НЕТЬ
СА	МО	ЛЁТ
НЕ	ВЕС	ТА
СОВ	ПА	ДАТЬ
ОБЪ	ЯС	НЯТЬ
ВЫ	ГО	НЯТЬ
ЗА	БЫ	ВАТЬ
НА	ДЁЖ	НО
ПО	БРИТЬ	СЯ

6. МОСКВА СЛЕЗАМ НЕ ВЕРИТ

ЗА	СЫ	ПАТЬ
РЕ	БЁ	НОК
ОБ	МА	НУТЬ
ДЕ	РЕ	ВНЯ
БУ	ДИЛЬ	НИК
ПРЕД	ЛА	ГАТЬ
ЛИ	МИТ	ЧИК
ПРИ	ГЛА	СИТЬ
КАН	ДИ	ДАТ
ПО	ЗВО	НИТЬ
РА	ЗРЕ	ШИТЬ

7. ОСЕННИЙ МАРАФОН

МА	РА	ФОН
РА	ЗОР	ВАТЬ
ПЕ	РЕ	ВОД
УС	ПЕ	ВАТЬ
ЗА	БЫ	ВАТЬ
БУ	ДИЛЬ	НИК
СВО	БО	ДЕН
О	ГОР	ЧАТЬ
СЕР	ДИТЬ	СЯ
У	ЛИ	ЧАТЬ
БО	ЯТЬ	СЯ